U0076383

茶的幸福生白

FAMILY TALKS OVER TEA

陳瓊姬——著

幸福很難嗎？
家家都有一本難念的經
用一杯熱茶提升家庭的溫度
搭起家人間溝通的橋梁

「融」出茶湯中的人文飄香

慈濟傳播人文志業基金會 副執行長
兼大愛電視台總監
葉樹姍

茶，是生活、是境界，也可成為溝通的觸媒！

大愛台從早期的「人文飄香」，到橫跨老、中、青的「三代之間」，再到「茶的幸福告白」，十多年來始終扮演穿針引線角色的主持人，正是靜思茶道的主要推手之一——李阿利。

身為大企業家庭的長媳，阿利給人印象總是面帶微笑、溫婉和善、謙恭有禮。她把公婆、子女都照顧得很好，博得老人家的信任，而她的另一半林本源也非常支持她做慈濟，相信這是他們當年結識在童子軍，「日行一善」的精神早已成為他們夫妻根深蒂固的交集。受到阿利的鼓勵，林本源先生也在二〇一九年受證慈濟委員，夫妻倆成了菩薩道上同行的神仙眷侶，阿利師姊自然成為眾人眼中「幸福」的代言人。

「茶的幸福告白」就是從阿利給人的「幸福感」切入，因為她本身從容、優雅又讓人如沐春風，暖暖的正能量，很容易打開周遭人物的心扉，而她「幸福感」的傳達媒介，就是從一杯有溫度、有暖度的茶開始。

阿利長年推廣靜思茶道，她以茶會友的方式，既不拘泥於茶道的繁文縟節、也不迎合物化或是感官的滿足，更不執著茶品的昂貴、稀有，或茶具的精美、細緻，重點是藉「茶」來搭起人與人之間的橋梁，甚至進一步藉茶來說「法」。「茶的幸福告白」設計的場景及目的，就是試圖用一杯暖暖的茶來提升家庭成員之間互動的溫度，創造家人間更順暢的溝通橋梁。

細看本書中分享的故事，其實正是每個家庭都可能遇到的問題，阿利師姊做為登門拜訪的主持人，不但要設計一個全家人一起喝茶的「境」，還必須針對不同家庭的狀況挑選不同的茶品、擺設出不同的茶席、創造不同的環境與氛圍。而這些家庭故事，都是事前經製作單位的現場調查，再做精心設計和安排。其中無論茶席的擺法、茶品和茶具的挑選、以及茶席色調、

氣氛營造，甚至是座位安排；都有很深的用心及巧思在其中。

證嚴上人最近常提醒，傳法可「借境使力」；「茶的幸福告白」就是營造了一個「境」，這個境藉由主持人（一個外人），把受訪的家庭成員聚在一起，這些家人經由阿利師姊的耐心引導，逐漸放下心防，把自己本來不敢面對、或是以前不敢表達的內心話都說出來，而在茶香的催化之下，全家人坦誠地面對彼此，進而達到溝通或是諒解、善解的效果。在有些案例中，製作單位和主持人甚至很深入地挖掘、碰觸人與人之間微妙的「情」，不但透過坦誠溝通釐清問題，甚至還共同找出積極的解決對策，所以，以茶為媒介建構出來的這個「境」，不但成就了一個成功的電視節目，也圓滿了當初設計的目標——「幸福告白」！

從當初為電視棚內訪談節目改版而設計的外景採訪紀錄，再到匯整一個個趨於圓滿的家庭故事，出版成為紙本書，很欣慰「茶的幸福告白」不只超越了「茶」，更透過了每個人的內在覺知，而帶動反省、淨化、提升自我的力量，這就是由茶香進而帶動人文飄香的具體例證。

感恩這本書的催生者李阿利師姊，及自始至終為這個茶香、書香、人文飄香的目標努力付出的製作人陳瓊姬及團隊，但願每位讀者都能從一篇篇的真人實事，得到豐富的生命體悟！

茶湯裡・真心真情在流動

大愛電視「茶的幸福告白」節目主持人

我是出身台北大稻埕茶商的女兒，我的父親在日治時代時就職於三井農林株式會社，一間專門將台灣茶外銷到日本的公司。後來父親自己創業，開設茶葉出口的貿易公司，將台灣茶外銷到全世界。童年的記憶裡，我們家一進門的客廳就有一個很大的火爐，上面燒著一壺熱呼呼的茶，在寒風刺骨的冬天，每個從外面進來的人，馬上可以喝一杯熱騰騰的茶，伴隨著入鼻的茶香，以及火爐所散發的溫暖，一下子就讓人的寒意全消。我們小朋友就在旁邊嘻鬧著，吃著香香甜甜在火灰中自然烘熟的地瓜，真是人間美味。

因為父親做生意的關係，家裡每天往來進出的人很多，家裡的客廳經常是高朋滿座。讓我印象最深的是；當時家裡有一台先進少有的電報機，隨時傳來全世界最新的茶資訊。父親總是不吝嗇的把最新、最正確的行情分享給所有登門請教的後輩們。我家的客廳就是當時台灣茶葉的情報中心。在父親的觀念裡，只有自己好，別人不好，這個「好」不會長久。只有你好、我好、大家都好時，這個行業才能真正的興盛。父親從小就灌輸我們「共好」的觀念，他願意將所有的美好與別人分享。我們也親眼見證父親為人無私、待人以誠的態度，父親也號召同業成立了台灣省茶葉輸出同業公會。所以，「茶」對我而言，就是溫暖、熱情和分享。

媽媽是爸爸事業的好幫手，更是最溫暖的媽媽，媽媽堅持我們九個兄弟姊妹每天都要一起吃早餐。從小我們就習慣喝爸爸做的、媽媽泡的茶。在喝茶的時候；媽媽會嚴格要求我們的儀態、儀表、儀容，媽媽說：「坐得正，得人疼。臉要笑，得人惜」（台）。在餐桌上喝茶時，媽媽教導我們規矩、禮貌和做人做事的道理。在喝茶中學習到溫暖、熱情和分享，也學習到待人處事的道理。

我們幾個姊妹一直是交善款的慈濟會員，直到一九九一年華東發生大水災，證嚴上人出來呼籲捐助大陸華東水災。我們姊妹就一起商量：「除了捐錢，我們還能做什麼？」因為我們拿不動

大鍋大鑊跟人家去做香積，於是我們姊妹決定一起親手做紙娃娃來義賣，記得當時我們姊妹很認真地做紙娃娃，做到手都痛了！父親看到我們姊妹的認真，也很受感動，所以我們的第一個手做紙娃娃就是我父親買的。當時我們姊妹深受 證嚴上人「不為自己求安樂，但願眾生得離苦」所感動，進而發願追隨 證嚴上人將慈悲喜捨化為具體行動；要作一位聞聲救苦、度化人間的菩薩。

參與一九九一年的華東水災的募款，是我們姊妹與慈濟結緣的開始。還記得當時 證嚴上人跟我們的母親說：「你的這一群女兒是要來協助我做教育文化（人文）的志業。」從一九九二年開始，我們幾個姊妹就隨著德普師父一起到慈濟護專（現在的慈濟科技大學）教茶道和花道。 證嚴上人希望透過人文課程，提升孩子的生活美學與人品涵養，我們姊妹也歡喜地在茶道與花道課，將人間的美善分享給年輕的莘莘學子。

從當年慈濟護專的茶、花道課，到今天各地靜思堂廣設社會教育推廣中心的「靜思茶道」課、「靜思花道」課、以及「蕙質蘭心」課……，我們姊妹發願追隨 證嚴上人推廣慈濟人文與生活美學的初發心不曾退轉。這二十多年來，因為我親身參與慈濟人文課程的設計，在教學的過程中，親眼見證了許多藉茶把愛找回的故事。後來我因緣到大愛電視台主持「人文飄香」、「三代之間」、

「靜思花道」、以及「茶的幸福告白」等節目，讓我有機會從別人的故事中學習，體悟生命中不論遇到任何境界，都是美好的相遇，是一份老天送的禮物，要歡喜接受。在自己的生命中，更可以感恩自己所擁有的一切。

「茶的幸福告白」是一個全外景的節目，我帶著茶四處去拜訪不同的人家，在茶水因緣的助緣下，我在每個受訪者的臉上看到了至真摯情的表情。「原來愛是可以說出來的」，每一集的內容、每一位受訪者，都讓我留下難忘的印象。感恩這些素昧平生的受訪者，他們願意信任我，願意真心誠意分享他們的故事，將他們塵封的後悔、懊惱、以及困難都說出來。在節目裡我為每一個家庭設計一道茶，教他們利用一杯茶去表達對家人的關心，就是搭起家人間互動溝通的橋梁。在節目中我們

締造出許多感人的家聚時光、以及令人動容的溫馨告白，讓我深刻感受到：「在茶水裡，真心真情在流動」。

現代人都太忙了，忙到忘了要關心家人、要和家人來說說話，也忘了要疼愛自己、疼惜自己的生命。我們最常忽略的總是身邊最親愛的家人，而家人卻又經常要忍受我們的情緒和脾氣。現在大家都在追求幸福，而什麼是「幸福」呢？在忙、盲、茫當中，不妨想想什麼才是我們此生最重要的呢？

「茶的幸福告白」節目，在播出時廣受好評；一直有許多朋友跟我回饋他們看完節目之後的感動。的確，在節目的錄製過程中，那些破涕為笑的神情、那些終於說出口的愛、以及家人相互「和解」後的感動，是那麼令人難以忘懷。今天《茶的幸福告白》終於要出書了，希望能藉這本書，將這些動人的故事、以及溫馨的時刻，跟更多人分享。讓我們在忙碌之餘，偶而也能利用泡茶、奉茶、喝茶，讓自己的腳步慢下來、心靜下來。找空檔和家人一起喝杯茶吧！這杯茶的熱度可以提升家庭的溫度，這杯茶也是家人間「幸福告白」的開場！所以，從自己做起——找家人一起喝茶，把愛說出來。

用「茶」來經營幸福家庭

大愛電視「茶的幸福告白」節目製作人
陳竣姬

「家」是我們的避風港，也是支持我們前進的力量。但根據二〇一九年的統計資料發現，台灣的離婚率躍居全球第二，二〇一八年每天有一百四十九對夫妻離婚，生育率也降至全球最低。這些數據不免讓人驚訝，曾幾何時，「婚姻」變得如此脆弱，「白頭偕老」竟是如此的難？

「離婚」不僅是一對男女的「分手」，更是一個破碎家庭的誕生。我們一生都深受原生家庭的影響，家庭培育我們的人格和信仰價值。不容否認的，許多的社會問題常常導因於不健全的問題家庭。所以，我們相信：幸福美滿的家庭是社會祥和的基礎，如果每個家庭都能和樂幸福，自然我們的社會也必定祥和。

於是，我們製作了「茶的幸福告白」節目，這是一個專門探討「家庭經營」的電視節目，我們認為：幸福不是天經地義，幸福要用心來經營。但是相愛容易相處難，許多人悲觀地認為「婚姻是愛情的墳墓」，究竟幸福婚姻該如何經營呢？

節目主持人李阿利是慈濟大學社會教育推廣中心「蕙質蘭心」與「靜思茶道」課的老師，她教學生用「茶」來經營幸福家庭，她說：一杯熱茶可以提升家庭的溫度，也可以緩和氣氛、縮短家人間的距離。與家人輕鬆的喝茶聊天，不只是閒聊的「溝通」，當你為家人奉上一杯茶時，更是「愛」的表達和告白。

一開始，當我們跟受訪者表明要到府上教泡茶時，他們總是一副惶恐、疑惑的神情，「我們沒有閒情逸致坐下來慢慢泡茶」、「我們家這麼小、這麼醜，怎麼擺出美美的茶席？」「顧生活都來不及了，哪有空泡茶？」「我們沒有像樣的茶具」……顯然一般人把「泡茶」想得太貴氣、太遙遠了，誤以為那是富貴人家才能享受的風花雪月。

其實「泡茶」不是有錢人的專利，也可以是很「庶民」的生活日常，我們每天本來就要喝茶。誰規定一定要有很漂亮的茶具才能泡茶？沒有茶壺，用碗也能泡出好喝的茶。也不一定要有很美的裝潢和布置，才能是喝茶的地方。只要「用心」，家裡一定會有一個小角落，可以布置成與家人一起喝茶、談天的地方。

於是，我們走出攝影棚去「實踐」我們這樣的信念，「阿利到你家」去到各行各業、各階層的人家，去聽故事、教泡茶。我們從受訪者的故事中，理解他們家庭的需求和希望，特別為他們設計一道「茶品」。並且在他們的家中，找出一個喝茶的角落，教他們如何布置、舉辦一次家庭茶會；透過全家人一起喝茶，進行一次「愛的告白」。

就在主持人李阿利到觀眾家裡聽故事、教泡茶的過程中，不可思議的，我們竟然創造了許多令人驚喜、意外的幸福時刻，經歷一場又一場感人肺腑的家庭茶會，這才發現台灣人太不會表達感情了，對於最親最愛的家人，往往是愛在心裡口難開。我們總是疏於表達，總是讓他們默默忍受我們的壞脾氣和情緒……。而今在我們的「到府服務」下，終於有了「告白」的機會，讓他們「圓夢」——把感恩和虧欠都一起說出來，而這些也感動了我們自身。

人生百態，家家有本難念的經，各有各的苦，只是苦苦皆不同。究竟一杯熱茶有多大的神奇效力？其實我也沒有太大把握。但是，我相信：大富大貴、功成名就，那是要老天幫忙才能因緣俱足。但是我們卻可以「用心」經營出我們日常的小確幸。

今天，將這些感動的時刻集結成冊，希望能把用「茶」經營幸福家庭的妙招分享給更多人，讓每個家庭都幸福圓滿。

01 上天的禮物

王莉慧幾年前罹患乳癌，這場病帶給全家人極大的衝擊，她希望能帶領孩子「正向」將這段生病歷程，變成全家一起面對、學習的生命教材。也因為這場病，讓她看到自己的幸福——先生對她的愛，以及孩子的貼心和懂事……，這場病彷彿是上天給她的禮物。

莉慧原本是一位家庭、事業兩頭燒的直銷業務員，每天忙著工作、掛心的是業績。直到有一天，一場突如其來的病，讓她不得放下了一切。當她意外被診斷出罹患乳癌時，她的孩子大的讀小學三年級，小的只有幼稚園大班。一向理性堅強的她還來不及難過，腦中立刻閃現的念頭，就是要趕快找「接班人」——幫先生物色一位新太太來打理這個家，要親自為兩個寶貝挑選新媽，這樣她才能走的安心。

這場來勢洶洶的病，有如排山倒海般地突襲他們全家，霎時如同高牆倒下般壓得她喘不過氣。一個人生病，所牽動的是全家人的情緒，也改變了全家原有的生活節奏。但是，為了摯愛的家人，莉慧沒有放棄生命的權利，只能鼓起勇氣對抗病魔。

在跟死神拔河的那段日子，莉慧放下一切後，心也慢慢靜下來。這時她才覺察自己花太多時間和精力在工作上了，反而較少把心思放在家庭。也許「生病」就是身體在抗議了，提醒自己是該休息了，不如就趁這個機會好好重整自己的生活。

很幸運的，莉慧有一個很愛她的先生沈哲民，對她總是無微不至的照顧和呵護。但是生病前的莉慧卻一直覺得哲民管太多、太嘮叨了。對於先生的關心和叮嚀，莉慧都覺得是「干涉」，讓她感到很厭煩，直到這場病降臨身上。

莉慧住院開刀時，面對許多聞訊前來探望的親朋好友，哲民每每跟他們提及莉慧的病情時，總是忍不住淚灑病房，無法掩飾他對妻子的深情與不捨。那段期間他幾乎寸步不離地守在莉慧的身邊，還要趁空檔拿著筆電窩在病床旁工作，可說是蠟燭兩頭燒。

生病的人身心總是特別脆弱，細膩的哲民為維護莉慧，怕她受傷，還特別囑咐兩個年幼的孩子：看到媽媽身上長達十九公分的傷口時，不可以說噁心……。說完，他自己便忍不住哭了起來，這些貼心的舉動都讓莉慧很是感動。

大病初癒後的莉慧發現家人才是最重要的。現在她希望能多一點時間留給家人，好好陪伴孩子成長。

回首往事，哲民坦承那是一段很無助、難熬的過程。但是，他說：「家裡總要有人來承擔和帶領」，既然遇到了就勇敢面對吧！俗話說：百年修得同船渡，千年修得共枕眠，要彼此珍惜這分殊勝的緣分。在哲民的觀念裡，夫妻本來就是一體的，不只要相互扶持，更要同甘共苦，不離不棄，這才是夫妻。夫妻之間的情分包含著愛情、親情、友情和恩義。年輕剛認識時，「愛情」的比重可能高達百分之一百，後來隨著兩人的交往相處，漸漸培養出「友情」，而婚後隨著孩子相繼的出生，親情的比重就會愈來愈多，而隨著兩人共組家庭，成為命運共同體後，一起同甘共苦、一起面對人生種種的考驗和挑戰，自然產生了「革命情感」，這就是夫妻之間難以割捨的「恩義」。

在莉慧抗癌的日子，哲民是她背後支持的力量，他一直鼓勵莉慧要勇敢，要做孩子的榜樣。夫妻倆共同決

當家人面臨生死大關考驗時，沈哲民認為自己應該扛起一家之主的責任，帶領家人正向看待生病這件事。

議，要將這段抗癌的歷程，作為他們全家的生命教材；讓孩子學習家人「生病」時，要如何一起面對，學習共同「承擔」，進而一起分享生命中的喜樂與苦痛。

有些父母擔心給孩子帶來陰影，而選擇對孩子隱瞞自身病情。但是他們卻讓孩子全程參與媽媽抗癌的每個療程，不避諱地給孩子看開刀後的傷口，讓他們明白打了那些藥後會有哪些副作用，以及化療後會掉髮……每個環節都讓孩子參與。同時也鼓勵孩子要表現更好，不要讓媽媽擔心。這樣的「機會教育」，令他們的兩個女兒不只貼心、懂事，且很小就學會生活自理能力，不僅自動分擔家務、更是媽媽的好幫手。

大病過後，莉慧心境也變得豁達；在她眼裡，世間除了生死，已無大事。劫後餘生的她，除了特地回家擁抱父母外，也第一次擁抱婆婆。過去她和婆婆有些婆媳心結，少有互動，但是生病時婆婆仍不計前嫌地來家裡

生病後慧莉特別重視家人的飲食健康，定期去有機菜園採摘新鮮蔬菜，實踐她的健康有機生活。

幫忙，讓她非常感恩婆婆能不計前嫌的臨危救援。於是，她主動上前擁抱婆婆，這個「擁抱」代表她對婆婆的感恩，也化解了婆媳多年的心結。慧莉甚至常常在想，如果生命只剩下倒數五分鐘的時候，要做什麼？她想要向先生哲民頂禮，「感恩他此生為我所做的一切」。

如今身體逐漸康復的她，看到哲民為這個家任勞任怨，事事求好，還要面面俱到，導致夜裡經常失眠睡不好，心中非常的不捨，她希望邀請阿利來教她——如何營造一個睡前全家人的茶聚時光？來幫哲民減壓舒眠，全家都能一夜好眠。

哲民在院子裡種了很多薰衣草，沒想到這下都能派上用場了。每天晚上睡覺前全家人聚在一起；喝著自己種的薰衣草奶茶，感覺會特別溫馨幸福。兩位廚藝精湛，貼心又懂事的女兒，也自告奮勇要提供拿手絕活——平底鍋蛋糕，讓全家的睡前茶敘更溫馨。

莉慧不只自己力行健康有機素食生活，她也在社區推動有機生活，義務幫忙鄰居運送有機蔬菜。

阿利建議莉慧泡薰衣草奶茶來改善哲民的睡眠品質（上圖）。有機健康素食讓莉慧每天精神更好（左圖）。

幸福
茶會

泡一杯舒眠的茶

薰衣草散發著令人心情放鬆、心曠神怡的迷人香氣，是最具鎮靜、舒緩，以及催眠的植物。對於長期處於壓力、緊張，容易失眠的現代人而言，薰衣草茶是可以幫助一夜好眠的神奇茶飲。

因為莉慧全家剛經歷家人生病的生死大戰，好不容易戰勝病魔的一家人，此刻最需要的就是放鬆心情，平緩過去緊張不安的焦慮心情。阿利老師利用他們院子裡種的薰衣草，來泡一杯有助舒眠的「薰衣草奶茶」來放鬆心情。

全家一起陪莉慧度過這場生命大考後，他們也深刻體會到平安就是福，很珍惜全家人能聚在一起的時光，藉由睡前的茶敘分享今天收穫，也互道晚安迎接明天。

茶席位置

要布置一個全家人就寢前茶聚的地方，可以挑選在房間溫馨的小角落，例如床邊，只要鋪上一條簡單的茶席布，全家人席地而坐，輕鬆又自在。

也可以是全家人熟悉、習慣的餐桌。將餐桌鋪上一條簡單的茶席布，點上小蠟燭、或是插上一朵院子裡種的小花，就是一個很有感覺的喝茶空間了。

擺茶席：首先挑選自己喜歡的茶席布顏色，奠定茶席基調（上圖）。再擺上茶具和茶食作點綴陪襯（左圖）。

茶品

薰衣草奶茶

材料

甜薰衣草 3 枝（長約 10 公分）

紅茶包 2 個（或紅茶葉約 15 公克）

鮮奶900 cc（可依個人喜好，酌量加水）

茶的小知識

茶名：薰衣草

產地：原產自地中海沿岸及大洋洲列島

用途：泡茶、薰香、泡澡

功效：舒解壓力、鬆弛神經、幫助入眠

泡法

1. 將薰衣草、紅茶包（紅茶葉）一起放入壺中。

2. 注入隔水加熱到 90℃ 以上的熱牛奶。

3. 沖泡 5 分鐘後，拿出紅茶包。

4. 可依個人喜好加入熱水、糖或蜂蜜。

茶點

平底鍋蛋糕

莉慧家的兩位小公主，從小就跟著媽媽在廚房學做菜，廚藝了得的她們，拿手絕技就是「平底鍋蛋糕」。可先將蛋糕切成小塊、擺盤、再用綠色的薄荷、或是紅色的小番茄加以點綴，就能裝飾出非常有視覺效果的茶點。

材料

柳橙一顆、雞蛋兩個、泡打粉 3 克、牛奶 20 克、無鹽奶油（室溫）120 克、低筋麵粉 120 克、柳橙汁 100 克、6 吋慕斯圈模、細砂糖 100 克、檸檬汁 15 克

做法

1. 將柳橙片與糖、水、檸檬汁放入鍋中，以小火將橙片燉煮成些微透明狀的糖漬柳橙。
2. 將柳橙皮屑加入細砂糖中混合均勻。
3. 將室溫的無鹽奶油，用電動攪拌器打發至絨毛狀，再倒入細砂糖打發，接著分次加入蛋液，持續打發均勻。
4. 低筋麵粉、泡打粉過篩倒入，以切拌方式混合均勻，再倒入柳橙汁、牛奶拌勻。
5. 將烘焙紙鋪在平底鍋上，放入 6 吋慕斯圈模，倒入並鋪平麵糊，蓋上鍋蓋，以小火烘烤 25 分鐘。
6. 再翻面烘烤 5 分鐘，將蛋糕脫模後放涼，放上糖漬柳橙片做裝飾。

驚喜

莉慧全家人珍惜在一起的時光，也感恩活著的每一天。所以，每天晚上睡覺前，可以利用家中現成的東西，像是院子裡的薰衣草、女兒親手做的平底鍋蛋糕……，簡單、隨意，營造出「睡前的溫馨片刻」。然後家人一起喝茶聊天，分享今天白天發生的一切、有哪些收穫和感恩，用這一杯薰衣草奶茶祝福家人、互道晚安。

幸福筆記

這場病，明明是帶給莉慧一家很大的衝擊和煎熬，但他們卻認為這是老天爺給的禮物，讓他們破繭重生！

王莉慧說：生病後，生活步調放慢，心也靜下來了，她看到許多過去不曾看見、聽見、感受過的生命景象。一場病之後，她看到老公對自己全然的

愛，看見兩個女兒是這麼貼心和懂事，這世間原來有這麼多的「病苦」，而自己是多麼幸運與幸福。

沈哲民說：就是因為經歷過病痛，才能更珍惜這得來不易的活著，現在他們全家都會很感恩活著的每一天。也是經過這場「生病」的啟發，才讓他們更清楚了解——什麼才是真正想要的？他們從這場病之後，開始重建他們的生活方式，慢慢地剔除生活中的「多餘」，去蕪存菁後，他們的生活愈來愈簡單，也愈來愈健康，更是愈來愈幸福。

原來我們可以很「正向」的看待生命中的每一場際遇，不論是「好」或是「壞」，都是上天給我們的禮物！雖然我們可能沒辦法馬上就能領悟，上天要藉由「機遇」送給我們什麼禮物？但是，我們相信，一切上天都會自有安排。

02 林義澤的生前告別

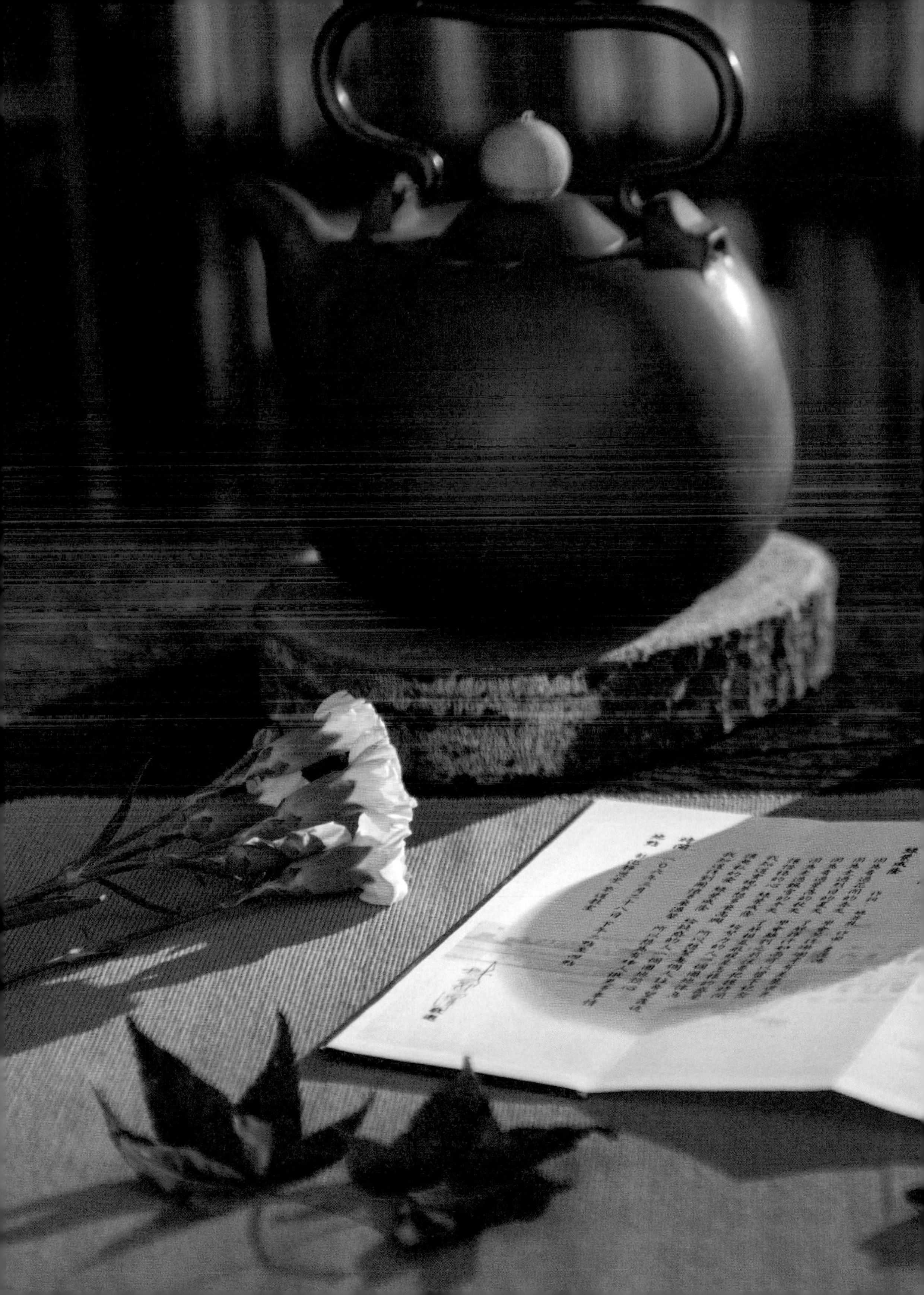

二〇一五年，林義澤被檢查出甲狀腺癌第四期，當時癌細胞已經擴散到全身的骨頭，但他卻顛覆了大家對癌末病人的刻板印象，每天依然到處趴趴走，用「過秒關」的心情和大家分享他的「生命美學」，以及宣導「預防醫學」。即使已近油盡燈枯的癌末，他仍用意志力讓自己活得像一條「活龍」。

二〇一七年三月二十八日大愛電視「茶的幸福告白」節目，在彰化靜思堂的茶道教室，為林義澤舉辦了一場「在生命交會時互放的光亮」——感恩告別茶會，也就是「生前告別式」！和至親好友說再見！在祝福聲中互道「圓緣、續緣、再造緣」。

二〇一八年七月五日的清晨，林義澤在家中安詳地往生極樂世界。

林義澤是一位快樂的慈濟志工，個性爽朗的他，只要有他在的地方，必然笑聲不斷。他是大家敬重、喜歡的「笑長」。他的名言是：寧可微笑生皺紋、也不要嚴肅而蒼老。生性開朗風趣、擅長說故事的他，十八年來一直在中廣聯播網主持廣播節目「生活中的一片鏡」，和聽友們分享許多勵志的生命故事。

他也是慈濟大學社會教育推廣中心的講師，他所講授的「生命美學」課程，十三年來一直受到廣大學員的歡迎。在課堂上他除了妙語如珠外，還精心設計各種輔助道具，加上誇張逗趣的肢體動作，這樣唱作俱佳的上課方式，廣受學員的歡迎，讓課堂上總是笑聲不斷。

不料原本身體硬朗的他，卻在二〇一五年時被檢查出甲狀腺癌第四期，而他的太太也在半年後檢查到十三公分大的「胃腸道基質瘤」。夫妻倆先後罹癌，癌夫照顧癌妻，夫妻變「癌友」。儘管身上的癌細胞已經擴散到骨頭了，醫生也宣告他的生命開始倒數計時了，他依然談笑風生。學佛多年的林義澤，早就看透「生死無常」，既然不能改變「大限在前」的事實，不如就把剩下的「餘生」好好過好。

林義澤勇敢面對癌末的日子，他經常笑稱自己有「三好」。第一個「好」是——他的主治醫師說他的病不會好了！第二個「好」是——做完所有的療程後，也沒有

林義澤選擇勇敢面對癌末的倒數計時，每天依舊揹著相機到處替人拍照，與人結善緣，他要認真過秒關。

好。第三個「好」是「幸好」——幸好他很樂觀，樂觀到忘記自己要死了。但是，在林義澤瀟灑的背後，其實「活著」對他來說，一點也不容易。

癌末的他無法分泌唾液，必須隨時用噴劑補充水分，否則嘴巴就會乾而說不出話，不管喝多少水，聲音始終沙啞。他吞嚥困難，所有的飯菜都要用果汁機打成泥，才能「喝」下肚。他的癌症已經第四期了，其實是必須靠藥物來緩解疼痛的。即使是這樣，他依然不改他「笑長」本色，話語如珠、笑聲不斷。他如何能這般地雲淡風輕、了生脫死呢？當眾人敬他是生命的勇士時，他卻笑說：人生四寶——安心睡、快樂吃、歡喜笑、健康做，如今我只剩下「歡喜笑」這一寶了，當然要盡量笑。

林義澤可說是「非典型」的癌末病人，他不躺在床上休養身體，卻到處去演講、照常去電台主持節目……。他說：「我現在是過秒關！我一定要堅持到最後一刻，

在林義澤的鼓勵下，楊國華（左）是彰化地區非常優秀的攝影志工，拍下許多動人的菩薩身影。

要保握每一個可以付出、服務別人的機會。」他的病就是太晚發現，當發現時已是癌末、來不及了！所以，他的演講大都在宣傳「預防醫學」的重要，勸大家要定期做健康檢查。因為聽了他的演講去做健康檢查，而發現有問題的有十二人之多，他們幸運地得以早期發現、早期治療。

林義澤還有一項拿手絕技就是「攝影」，他喜歡揹著相機幫人家拍照，用「照片」跟大家結緣。他是慈濟中部七縣市的三合一影視志工，經常幫慈濟的老菩薩留下寶貴的志工身影，同時他也幫即將要授證慈濟委員的菩薩們拍攝證件用的大頭照，讓他拍過照的菩薩超過五百人了。

回首這一生，在生命的盡頭，他想要為自己預約一場美好的「生前」告別！他想要親耳聽到，其他人和他在生命交會時，曾經綻放過怎樣的光亮？

林義澤和太太柯雪貞夫妻先後罹癌，癌夫照顧癌婦，夫妻變「癌友」，兩人互相照顧，伉儷情深令人感動。

感恩告別茶會

照片提供 / 楊國華

泡一杯道別的茶

所謂「善終」，就是能跟摯愛好好道別、說再見。於是李阿利老師帶領著慈濟彰化靜思堂「蕙質蘭心」團隊，為林義澤舉辦一場「生前告別」茶會，邀請他的家人以及至親好友齊聚一堂，好好敘敘舊。

茶會的準備事項

挑選場地

這是一個溫馨的聚會，邀請來的賓客都是林義澤的家人、至親和好友！茶會的場地最好是選在大家都熟悉、而且是曾經留下共同回憶的地方。所以，我們選擇彰化靜思堂的茶道教室作為茶會場地。

照片提供 / 楊國華

茶帖設計

「茶帖」就是一般俗稱的「邀請卡」。除了開宗明義地昭告「茶會主題」外，也要清楚註明茶會舉辦的「時間」和「地點」，以及茶會的「流程」。

這是林義澤的生前告別茶會，在茶帖的封面，開宗明義寫著：「感恩告別茶會——在此交會時互放的光芒。歲次丁酉 清明」，為這場茶會訂定主題。

內頁的「緣起——讓愛 生生不息」我們這樣寫著：

上人慈示：人生沒有所有權，只有使用權。

善用生命中的點點滴滴，

走到生命的哪一個階段，都可以喜歡那一段時光，

完成那一階段該完成的學習。

順生而行，

沉迷於過去，不狂熱地期待著未來，生命這樣就好。

藉由茶帖邀請至親好友前來參加這場生前告別茶會，回顧彼此生命交會時，曾經互放出怎樣的光亮。

不管正經歷著怎樣的掙扎與挑戰，或許我們都只有一個選擇：

雖然辛苦，卻依然要快樂，並相信未來。

生命風光，宛若四季，淬鍊生命，真空妙有。

縱然夕陽西下，也要彩霞滿天。

緣此

敬邀您　參與一場充滿感恩與祝福的茶會，

藉茶體悟　生命因有而豐富　因無而深刻。

會場布置

迎賓席：

在茶會的進場入口，通常會設有一個迎賓席，來迎接賓客。迎賓席上除了有「迎賓花」外，還設有「水手缽」，讓賓客在進場前先「洗手、洗心、煥然一新」後，再進場。

賓客在入場前，在迎賓席的洗手缽前洗手、洗心、煥然一新。靜心後，再進入茶會現場。

為了能喚起大家對林義澤過往的各種記憶，還精心設計了「迎賓茶徑」，提供林義澤一生各個重要階段的照片，供大家瀏覽欣賞。

四季茶席：

學佛的人都知道——宇宙中的事相會有成住壞空，人會有生老病死，大自然有春夏秋冬。所以今天的茶席布置成春、夏、秋、冬不同氛圍的四季茶席，象徵季節時序循環不斷。

我要為你做一件最浪漫的事

俗話說：百年修得同船渡，千年修得共枕眠，林義澤的太太柯雪貞陪他一路走來，癌妻照顧癌夫，患難與共、相互扶持，夫妻情深令人敬佩。

在茶會中，林義澤要給太太柯雪貞一份驚喜。他偷

大千世界有成、住、壞、空，人有生、老、病、死。所以，會場的茶席都以四季茶席的四種景象來呈現。

偷保存著四十多年前在軍中服役時，太太寫給他的每一封情書，他將這些「寶貝」全部送給太太，並且「加倍奉還」四十年前所積欠的聘金。他感恩太太當年願意下嫁給他這個窮小子，當年的聘金十萬元，是他跟朋友借來給丈人看的，訂完婚就還給朋友了。如今他把一整本的存摺都奉上了，他當眾下跪跟太太求婚，預約下輩子還要當夫妻。他們的愛情，感動了在場每一位親友。

一張照片訴說你我共同的曾經

今天與會的每個人都要帶一張和林義澤有關的相片，並且告訴大家自己和林義澤相遇後的故事，在他們生命交會時，曾經創造出哪些精彩的人生風景。

楊國華曾經為自己的小兒麻痺感到自卑和自閉，在上了林義澤的「生命美學」課之後，開啟了生命的希望。林義澤鼓勵他拿起相機走出戶外拍照，如今他是彰化地

林義澤獻上珍藏四十年太太寫給他的情書，以及當年訂婚時沒給的聘金，加倍奉還，預約來生還要做夫妻。

區非常傑出的影視志工，為慈濟留下許多珍貴的歷史。

邱秋香原本是明眼人，卻因不明原因的身體病變而喪失視力，造成她人生很大的打擊。起初她無法接受自己眼睛看不見，自暴自棄甚至想自殺輕生。後來經人介紹來上林義澤的「生命美學」課後，生命找到了出口。在義澤老師的鼓勵下，現在她授證成為慈濟委員了。有人說慈濟委員的旗袍很漂亮像華航空姐，秋香曾自卑地不敢穿，怕破壞慈濟委員莊嚴的形象，但是林義澤說：沒關係，他們是華航，我們是慈航，只有面向陽光，陰影才會在背後。與其詛咒黑暗，不如迎向光明。這些話深深鼓勵了秋香。

在茶會中，大家一起回味往事。感恩因為有你（林義澤），讓我的生命變得不一樣。最後大家都把滿滿的感恩與祝福寫成卡片，繫掛在感恩樹上，互道珍重！圓緣、續緣再造緣！

當年曾經受過林義澤提攜、幫助的人，都來到現場分享他們因為遇見林義澤後，生命變得更光亮。

幸福筆記

如果我的存在，可以鼓勵其他人得以「翻轉」他們的人生，讓我們在生命交會處，互放出光芒，這應該就是所謂的「結善緣」吧。我在林義澤身上看到生命的價值。即使到最一刻，林義澤依然努力活出生命最後的精彩，就像他所說的：「縱然夕陽西下，也要彩霞滿天。」在天國的他應該是此生無憾地含笑九泉了。

現代人都希望善終，但是什麼是「善終」？我們在林義澤的生前告別茶會上，可以親耳聽到朋友們對他的肯定和感恩，而且可以在眾人的見證下，跟太太柯雪貞預約來生，這是何其感人，何其圓滿，我想這就是所謂的「善終」吧！

03 一生罕見的幸福

巫錦輝與周麗玲原本有一個幸福美滿的家庭，他們擁有一對聰明活潑的兒女，孰料就在女兒以欣小學二年級的時候，身體開始出現了異常，兩年後確診罹患了尼曼匹克症。這是一種極罕見的遺傳疾病，主要是因為新陳代謝出問題，膽固醇堆積而造成神經系統的病變，症狀是講話速度愈來愈慢，神經系統機能愈來愈差，神經受損、運動神經也會日益衰退，導致身體會不斷退化，雙手會不自覺抽動，走路不穩會跌倒，無法吞嚥，吞口水都會嗆到甚而危及生命……。

原本寄望弟弟以諾能捐髓來救姊姊，卻在血液檢查的過程中意外發現：以諾和姊姊有著一樣的基因突變，這對夫妻倆又是一次沉重的打擊。

二十年來夫妻倆一起照顧罕病兒女，他們不向命運低頭，全家人努力把悲劇演成喜劇，他們相信走下去，生命才會有驚喜，也因此活出他們一生罕見的幸福。

目前尼曼匹克症還沒有藥物可以治療，一般患者通常很難撐過青春期，但是巫錦輝一家卻從不放棄希望，努力活出奇蹟。如今，以欣已經二十八歲了，她是尼曼匹克症年紀最長的患者。儘管十多年來姊弟倆的身體如預期般地逐漸退化，但是，他們勇敢面對「愈來愈差」的宿命，挑戰各種艱難的試煉，甚至一次又一次地跟死神拔河，全家人依舊努力把人生的悲劇演成喜劇。

人稱「巫爸」的巫錦輝說：「每天要照顧一對罕病兒女，必須學會『苦中作樂』！」的確，台灣總共只有四名尼曼匹克症患者，他們家就占了兩名，這「比買愛國獎券的中獎率還要低」，但是，老天爺卻選擇讓這機率降臨在他們家！起初他和妻子周麗玲整整哭了一天一夜，甚至想過乾脆全家一了百了。也許就是一種「再苦也要笑給老天看」的不服輸，夫妻倆哭過後決定要勇敢面對，妻子周麗玲鼓勵他：「勇敢走下去，生命才會有驚喜。」於是，夫妻倆用「苦中作樂」的心情，全家攜手一起去尋找「罕見」的幸福，享受「罕見」的快樂！他們要用行動證明自己沒有被罕病給打倒。也許在別人看來是悲慘萬分的遭遇，他們勇敢面對，反而走出一條「罕見」的幸福之路。

照片提供 / 巫錦輝

以欣、以諾兩姊弟雖然罹患罕見疾病，但他們樂觀勇敢，在父母的陪伴下，開心地參加路跑活動。

女兒巫以欣在八歲時發病，轉眼間即將屆滿二十年，巫錦輝經常帶著全家人四處演講，向大家介紹罕見疾病，喚起社會對罕病的重視。他分享自己的故事做為「勵志教材」，鼓勵正陷於困境的朋友。他們一家彷彿愈挫愈勇，每年都會有不可思議的壯舉，締造令人讚歎不已的生命驚喜。

尼曼匹克症的患者說話會愈來愈慢、愈來愈困難，而爸媽為兩個孩子以欣、以諾準備的二十歲生日禮物，就是為姊弟倆各舉辦一場「雲上太陽」的感恩音樂會，讓正值青春的姊弟有上台表演的機會。他們理解兩個孩子的生命將會比一般人短暫，希望在這短暫的年歲中，盡一切努力去豐富他們的生命。在歌聲、笑聲中，都為姊弟倆留下了最美好的回憶，以欣、以諾也深深感受到眾人對他們的祝福與支持。

為了「豐富孩子的生命」，巫錦輝曾帶著氧氣筒、

照片提供／巫錦輝

帶著氧氣筒、推著輪椅，在爸爸、媽媽的陪伴下，以欣攻頂百岳之一的合歡山，為自己創下罕見的紀錄。

抽痰機……等醫療設備，推著以諾的輪椅登上合歡山。他們每次出門總要大費周章，必須揹著各式各樣的醫療設備，儘管「很麻煩」，但都不能阻擋他們想要走出去的決心。巫錦輝就這樣推著以諾的輪椅、揹著沉重的醫療設備，父子倆一起去過美東、非洲、以色列、英國……等地去「壯遊」。讓人好奇的是，他們是如何做到呢？照顧一對罕病兒女，睡都睡不飽，每天都心力交瘁，哪來力氣和勇氣做這些事？巫錦輝卻說：「奇蹟往往是拿到一手壞牌所創造出來的。」與其躲在家裡自怨自艾，不如跨越自己的牢籠，走出去擁抱更寬廣的世界。

因為兒女罹患罕病，巫錦輝因而結識了一群同樣有罕病子女的爸爸們，他們「同病相憐」而相知相惜，同樣每天為了要照顧罕病子女，永遠都睡不飽，因為無藥可醫的罕病而看不到希望。於是他們一起成立「不落跑老爸俱樂部」，並且組成「睏熊霸」樂團，因為平常都

周麗玲榮獲台灣無障礙協會所舉辦的第二十一屆愛心媽媽獎，全家人獲馬英九總統的召見。

睡不飽，所以一群家有罕病兒的中年大叔，刻意取了逗趣的團名「睏熊霸」，用幽默的口吻告訴大家：「睡到飽」是他們最大的願望！

他們以永不言敗的 Rocker 精神，籌組樂團來自娛娛人。希望透過音樂把內心的壓力宣洩出來，也鼓勵同樣站在懸崖邊緣的爸爸們都可以走出去。沒想到在二〇一三年他們竟然以《一首搖滾上月球》獲得第五十屆金馬獎最佳原創歌曲獎，這不僅是他們個人生命的驚喜，同時也喚起社會對罕病醫療的重視。

巫錦輝和周麗玲夫妻分工，各自照顧一個孩子的生活起居，每天陪孩子上學。上學前，巫媽周麗玲都要幫以欣打扮得漂漂亮亮的才出門！她認為罕病兒也有漂亮的權利，「把自己打扮美美的」也是一種生活態度，他們不會因為生病就放棄「生活」。巫媽在生活態度上的堅持，也深深影響了以欣。以欣就說：「即使明天就要

他們抱持著「走下去生命才會有驚奇」的信念！全家人經常到處去演講，分享他們的生命故事。

倒下，今天仍要精彩活著。」

所以，以欣、以諾即便是行動困難，他們也依然堅持要去上學。雖然身體持續退化，但並沒有擊倒兩姊弟的自信，他們不但樂觀接納自己的疾病，還會安慰媽媽：「不要看失去的，要看自己擁有的。」

巫家的名言：「走下去才有驚喜！」巫媽為了照顧以欣，從小學就開始進校園「陪讀」，來照顧以欣的校園生活，沒想到陪著以欣一起上學、一起聽課，竟也聽出興趣來，燃起了重當學生的希望，於是母女倆一起申請進入蘭陽技術學院就讀。四年後以欣拿到文憑，仍想繼續深造，因為她夢想未來要從事生命教育。於是母女倆又相約報考真理大學的宗教研究所。

推甄入學放榜後，周麗玲是榜首，而巫以欣卻是備取第一名。為了讓女兒以欣能順利入學，周麗玲放棄自己的推甄入學資格，自己再重拾教科書苦讀，和年輕人

媽媽每天都陪著以欣認真做功課，不向命運低頭。以欣是目前全世界最年長的尼曼匹克症患者。

一起拚入學考試，總算皇天不負苦心人，繞了一大圈，最後母女還是研究所同學。

以欣、以諾如同預期般地一直在衰退中，現在這兩個孩子二十四小時都需要有人照顧，除了身心俱疲外，長期的睡眠不足也對健康造成不良影響，周麗玲曾有自己躺在手術台上，而孩子被送進加護病房的經歷，在手術過後，自己還坐著輪椅去照顧病危的孩子……凡此，種種常人眼中的難堪難忍之境，她都一次次經歷過了。

周麗玲一直勇敢地守護她的孩子，但是她更在意的是：「如何讓孩子在退步中仍能保有一絲希望？」以欣在八歲時發病，當時原本寄望年僅五歲的以諾可以捐髓來救姐姐，不料，這反而讓以諾「提早」被宣判和姐姐同樣罹患尼曼匹克症。周麗玲很心疼以諾這麼小就被「宣判」他未來的命運，所以，她一直努力帶著孩子尋找生命的希望。

雖然以諾五歲就提早被宣判罹患尼曼匹克症，但從小到大，他並沒有放棄希望，依然勤奮向學。

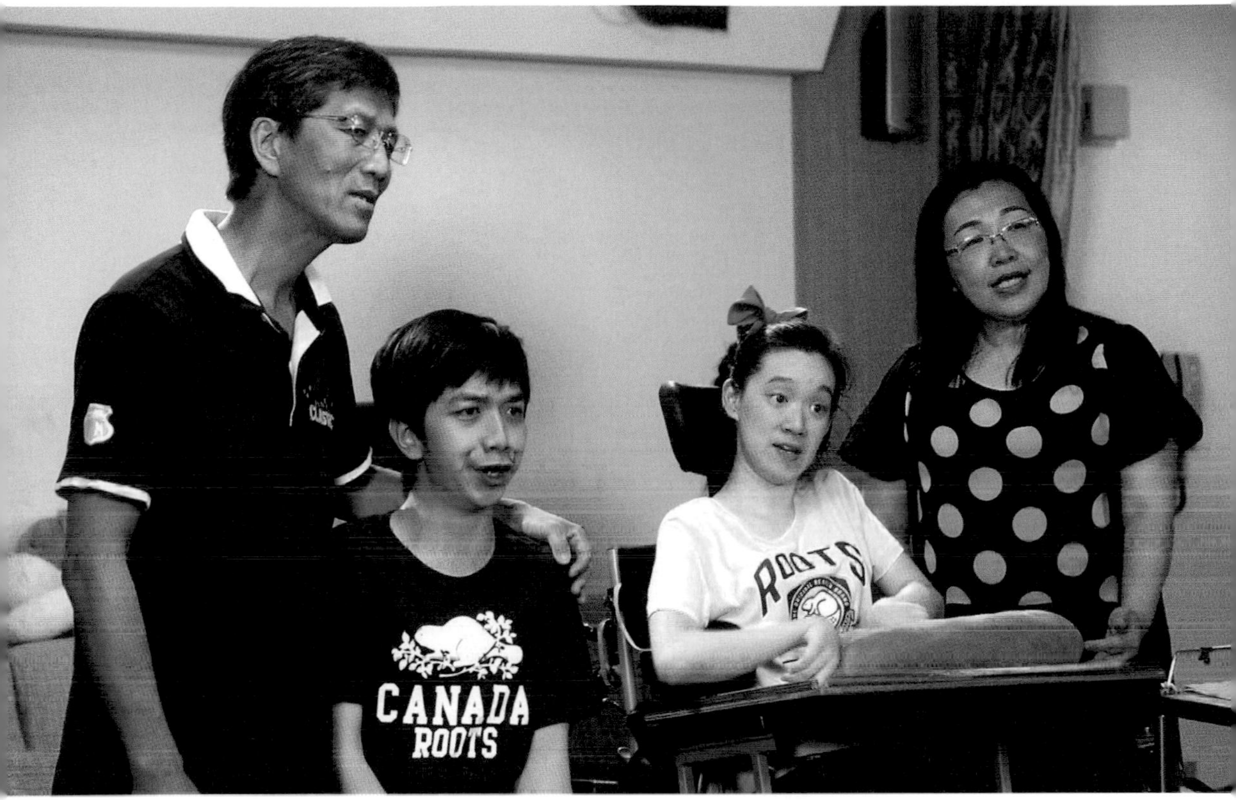

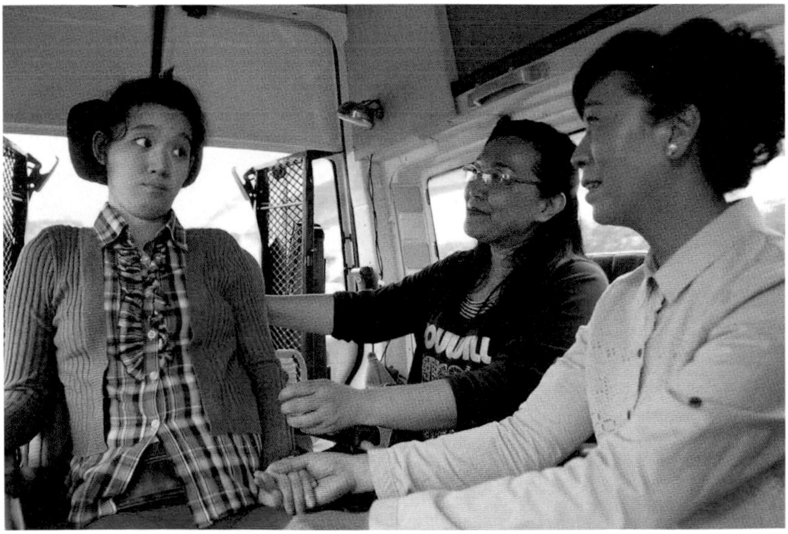

老天爺降臨了千萬分之一的不幸，但是周麗玲和巫錦輝依然百分之百的堅持，創造出他們一生罕見的幸福。

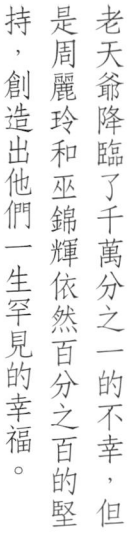

幸福茶會

泡一杯為自己加油的茶

無論在人前表現多麼正向和勇敢，家有兩位罕病兒的家庭，內心的壓力是不言可喻的，這樣的家庭如何營造出幸福的氛圍？巫錦輝與周麗玲這對夫妻必須共同承受許多的困難和壓力。當有一天孩子都離開後，夫妻倆又該如何面對他們的「兩人世界」呢？

現在白天夫妻倆忙著照顧一對罕病的子女，但是當夜闌人靜，孩子都入睡後，夫妻倆需要有一個喘息時間，可以好好休息、互相疼惜彼此一天的辛勞、分享各自的心情，甚至談談對未來預設準備的共識。

周麗玲向來喜歡茉莉花，陽台剛好有幾盆茉莉花，於是阿利老師要教麗玲泡一杯疼惜自己、為自己加油的茉莉蜜茶。潔白純淨的茉莉花，散發著迷人的清香，用茉莉花來泡一杯茉莉蜜茶，中醫說可以理氣開鬱。在微微地苦澀中，茉莉蜜茶卻有著濃濃的甜蜜滋味，也像極了他們的心境——苦中帶甜。

茶品一
茉莉蜜茶

材料

茉莉花、 蜂蜜適量、紅茶包 3 個或紅茶葉適量

茶的小知識

茶名：蜜香紅茶
樹種：台茶 18 號
產季：7-9 月
產地：花蓮舞鶴
製法：全發酵 / 條形
特色：因遭小綠葉蟬叮咬，茶中帶有果香和蜜香，近似白毫烏龍

泡法

1. 把茶包放入用開水燙過的茶壺，用開水浸一下茶包並倒掉頭次的茶水，然後再注入開水泡茶。

2. 檸檬切片，每片最好控制在 3 至 4 毫米的厚度。切好後就可以把檸檬片放入茶壺中，熱水沖泡 4 到 5 分鐘，即可把茶湯倒出，或是將茶包取出，避免澀味溶出。

3. 可以加蜂蜜調味，或者等茶涼一點再加會更健康。可以的話，在茶杯裡加半片薄薄的檸檬片，那就更好看、更好喝了。

茶品二

文山包種茶

除了用西式花茶來療癒心情外，阿利也推薦飄逸清香的文山包種茶，同樣也可以泡出一杯疼惜自己、為自己加油的茶。

文山包種茶屬於輕培、輕發酵茶，不同於一般烏龍茶較重喉韻。文山包種茶香氣清揚、入喉回甘。初次喝文山包種茶，一定會先聞到清新的香氣，再來是品味喝下去後喉間的淡雅氣味。和凍頂烏龍的焙火香，喉韻有很大不同。

泡法

茶具：挑選以導熱快又不透氣的白瓷茶具，最能表現出包種茶的清揚香氣。

溫壺：沸水注入茶壺、茶杯約 1 分鐘後倒掉。使茶具保有溫度並清除雜味。

置茶：將包種茶葉放入茶壺大約 6 至 7 分滿，因文山包種茶呈疏鬆的條索狀，因此沖泡前須注意放入的茶葉量不要太少。

溫度：以大約 90℃至 95℃的熱水沖泡。

時間：約 5 秒後將水倒掉，第一泡稱為溫潤泡（醒茶、洗茶）。注入熱水並浸泡 60 秒後，從第二泡茶開始飲用。

第二泡以後每泡茶等待時間各增加 20 秒，大約可沖泡 4 至 5 次。

品茗：將茶湯倒入杯中，即可品嘗文山包種茶的「香、濃、醇、韻、美」。

幸福筆記

巫錦輝說：「有一種失敗是可以和成功、勝利相匹配的——就是明知注定會失敗，卻永不放棄、勇往直前。」這是巫家人生活的寫照，他們每天必須要面對孩子一天比一天退化的宿命，但是，他們相信：「走下去，生命才會有驚喜。」

「罕病」雖然讓巫錦輝與周麗玲人生轉彎，但是他們不向命運低頭，反而活出一生罕見的幸福。如今以欣和媽媽都順利研究所畢業，以諾也大學畢業了，他們全家一起去了一趟英國遊學。這條罕病之路儘管崎嶇難走，他們勇敢走下去後，也創造出許多生命的驚喜，巫家「罕見」的奇蹟旅程還在繼續著。

04 你是我的眼

徐薇雅原是宜蘭蘇澳國小的老師。三十五歲那年，因為家族遺傳色素性視網膜病變，逐漸失去視力。她從恐慌、抗拒、自暴自棄，到擁抱黑暗，重新學習「生活」，如今她不只是獲師鐸獎肯定的優良教師，更是精力十足的超馬選手。現在幾近全盲的她，卻活得比明眼時更精采、更幸福。

這一路陪她走過生命幽谷，一起經歷生命中的驚濤駭浪的，是她的丈夫洪文言。但是他們的婚姻並不像童話故事般地唯美浪漫，不管公主遭遇到什麼，王子必定是在旁邊守護和陪伴。相反地，他們曾經歷過婚姻危機，也曾經失望迷惘過。在婚姻瀕臨決裂的時候，他們如何尋獲轉機？在想要放手時，為何反而將對方的手牽得更緊？如今，「不離不棄」不再是婚姻的枷鎖，反而是他們生命中最甜蜜的負擔。

徐薇雅因家族遺傳，從小就患有弱視和夜盲，視力一直不好。但是個性好強的她從不向命運低頭，反而更努力想證明自己。畢業後她選擇回到宜蘭當老師，她教學認真，設計的教案活潑有創意，一直是學校的王牌老師。直到三十五歲那年，一場生命的驚濤駭浪無情地襲向她來……

原本視力就不好的徐薇雅視力開始急速惡化，退化到目視只剩下微弱的光影，走路經常撞得鼻青臉腫，幾乎喪失生活的自理能力。在二〇〇五年被鑑定為「重度視障」，當拿到殘障手冊的那一刻，她幾乎感到世界就在眼前崩塌般，不知道未來該怎麼辦？

原本充滿自信的教學工作，漸漸受到質疑了。她看不見學生在黑板上寫的字、所批改的學生作業歪七扭八、漸漸也沒辦法批改考卷或作業了……。許多人認為她無法再當老師了，甚至連她也不相信自己還能教下去。

回到家裡，她也無法扮演稱職的媽媽，連最基本的打掃家務，她都沒辦法做了，出門看醫生需要先生接送、小孩必須託公婆照顧……，自己處處要靠別人，一點用都沒有，內心既悲傷又沮喪。回首那段日子，徐薇雅就像是一隻刺蝟般，全身充滿刺，她自卑又敏感，身畔到處都是不能碰觸的地雷，她經常歇斯底里地挑釁、找碴，搞到身邊最親的先生洪文言也要跟著崩潰抓狂，不知道該如何與她相處？她也不想把自己搞成像抓狂的怨婦，

薇雅看不見，文言用毛巾牽著薇雅一起練路跑，不只為參加馬拉松比賽，路跑是健身、釋放壓力的好方法。

但就是有一股很悲傷、很委屈的怨氣壓得她喘不過氣來，找不到情緒的出口，身邊最親的家人就成了最無辜的受害者。

而這一切都來自她不「接受」、不「面對」、不「承認」。儘管她用大哭、發飆、甚至把自己關起來怨天尤人、自暴自棄……都無法抗拒她只有視力僅剩〇．〇三的事實！但是，日子總要過下去，不能一直這樣坐困愁城，洪文言覺得：「必須為生命找出口」。

為了幫助徐薇雅重建新的生活秩序，洪文言開始接觸視障機構，尋求管道協助，經過多方徵詢後，他幫徐薇雅申請輔具和視力協助員，來協助徐薇雅備課和批改作業。同時，督促徐薇雅學習盲用電腦、運用電腦科技來製作教具、轉化傳統教材，像是以投影片取代寫黑板、利用有聲書閱讀文章內容。同時改變教學方式，以互動討論取代傳統單向式的講課，不僅讓學生維持課程進度

薇雅從恐慌、抗拒、自暴自棄，到擁抱黑暗，如今她是師鐸獎的優良教師，更是精力十足的超馬選手。

和學習成績，更利用自己做為例子，讓孩子們學會以同理心去關懷弱勢族群。

徐薇雅花了五年的時間才願意拿起盲人手杖。讓她驚訝的是，放下「排斥」和「抗拒」，「承認」、「接受」自己「視障」的事實，心情也跟著變輕鬆了，不是絕望和放棄，反而是重生的開始。她找回昔日的自信，要更上層樓攻讀研究所，她要證明：「看不見」再也不能「框限」她的夢想。

在那段最灰暗無助的日子，洪文言藉由跑步來抒發壓力，「跑馬拉松這麼痛苦都能捱過去，還有什麼不行？」他經常這樣的自我對話。沒想到竟也跑出了興趣和習慣，從半馬比賽一路跑到超馬，除了鍛鍊出他強健的體魄外，也培養出堅強的意志力。

洪文言鼓勵徐薇雅一起來跑馬拉松，令人好奇的是，「看不見，怎麼邁開大步奔跑？」徐薇雅因為不想被○・

退休後的薇雅依然經常到學校當志工，她用生動活潑的輔具說故事給孩童聽，受到熱烈的歡迎。

○三的視力限制住自己的生命，於是她願意跟著洪文言一起出來跑馬拉松。有多年路跑經驗的洪文言是徐薇雅的路跑教練，他用最適合初學者的方式來陪徐薇雅跑，他選擇找緩下坡的地形練跑，因為路面有畫白線，讓她僅存的一點視力可以稍微看見一點微光。再加上找出最佳的領跑工具從毛巾一路試到袖套，夫妻倆不停地嘗試最適合他們的「領跑」方式。

徐薇雅說：「對視障者來說，最重要的是放下恐懼和疑慮，才能邁開步伐。」她慶幸有先生一路的「領跑」，也很享受和先生「一起完成某件事」的感覺。就這樣洪文言帶著徐薇雅一起參加過無數次的馬拉松賽跑，洪文言跟徐薇雅說：「妳就是我的馬拉松。」——跑步讓兩人有共同的目標和話題，也讓夫妻關係升溫，找回從前談戀愛的感覺。

俗話說「天助自助者」。文言坦言；在那段驚滔駭

薇雅花五年的時間才願意拿起盲人手杖，讓她驚訝的是，接受自己視障的事實，心情也變輕鬆了。

浪的日子，他們的婚姻也曾經差點走不下去，他的耐心已到達了極限，快要崩潰了。所幸薇雅後來想開了，願意打開心門面對、接受「看不見」的事實，願意開始嘗試學習看不見的生活，否則光靠「不離不棄」的婚姻承諾，是無法鞏固他們快要崩解的家庭。

找回自信的徐薇雅也積極重新學習自己的生活自理能力，洪文言請來慕光盲人重建中心的輔導員來家裡教她做基本家務。家裡也重新整修成為一個對視障者友善的環境，許多地方都有用貼紙做定位點，協助徐薇雅辨識定位，就連她用的鍋具、刨刀，都有輔助視障者的設計。現在的徐薇雅生活已經跟明眼人差不多了。

二〇一四年，徐薇雅獲得教育界最高榮譽——師鐸獎。在如雷的掌聲中，她最感謝的是從來都不肯放棄，一路陪她走過驚滔駭浪的先生洪文言，以及包容體諒她的公婆，原來家人才是她背後最堅實的後盾。

薇雅很感恩文言的「領跑」，她也很享受兩人一起完成某件事的感覺，就像回到當年談戀愛般的甜蜜。

幸福茶會

泡一杯感恩家人的茶

最近慕光盲人重建中心的輔導員來家裡教薇雅洗水果、切水果。薇雅也非常認真地學習各種基本家務，為了能在家人面前展示一下自己的學習成果，阿利決定要把水果跟茶融合一起，做出一道適合全家老少一起喝的茶品。阿利老師要教徐薇雅，泡一壺酸酸甜甜的水果茶，來表達對丈夫、公婆和家人的感謝！這杯茶除了要對公婆表達感恩外，也想要讓公婆放心，展現她的家事自理能力。

水果茶是老少咸宜的飲品，酸中帶甜微帶一點苦澀，就像人生的諸般滋味。而紅茶是最能和其他食物「百搭」的茶種，它能和諧地「包容」各種食物滋味，感恩家人過去對她的包容，這杯茶也是徐薇雅對他們的心情告白。

材料

紅茶包 3 包或適量紅茶、蘋果 1 顆、柳橙 1 顆、百香果 2 顆、檸檬汁 2 大匙、蜂蜜或砂糖少許、水約 1000cc

小撇步

1. 以快煮方式，紅茶包或紅茶葉不要煮太久，因為煮的過程，水溫持續加熱，紅茶會容易澀掉，所以煮到有顏色出來就好了。
2. 新鮮柳橙要去皮，再切成丁，若連果皮一起煮會有苦味。

做法

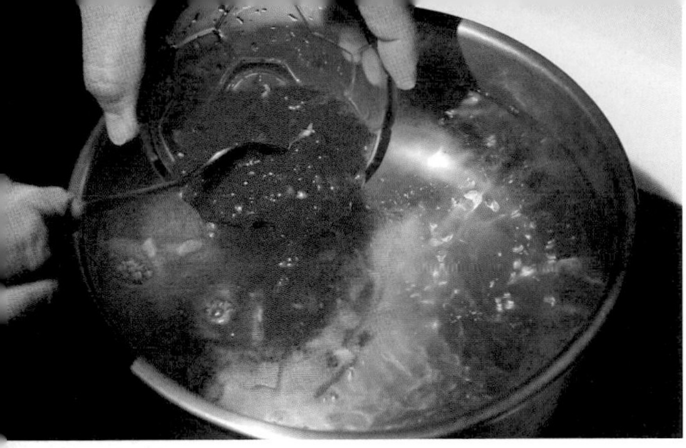

1. 水果切丁、百香果挖出果肉。

2. 將所水果丁放入鍋中煮沸 5 分鐘。

3. 熄火前，放入茶包或茶葉，浸泡 4-5 分鐘後，取出茶包或濾出茶葉，以免苦澀。

4. 依個人口味加入適量蜂蜜或砂糖。

幸福筆記

現在徐薇雅老師已經從蘇澳國小退休了，但是她還是經常回學校當志工，為小朋友說故事。她除了跟著先生洪文言到處跑馬拉松之外，也四處去演講，分享自己的生命故事，希望能鼓舞生命遭逢巨變的朋友，可以勇敢尋獲新的生命出口。

她總是不斷地問自己：「到底〇．〇三的視力還可以做哪些事？」這個問號成了她生命前進的動力，讓她不斷地超越自己，讓她的世界更寬廣、生命也更精采。人生無常，本來就會有旦夕禍福。從徐薇雅的故事發現，原來障礙自己的從來都不是外境，也不是別人，而是自己。只要內心夠強大，意志夠堅定，人是有無限可能的。

05

米粉阿嬤的婚姻承諾

新竹的九降風造就了有名的新竹米粉，但是在新竹的米粉寮裡，過去卻流傳著一句話：「好材不做豬寮樑，好娘不嫁米粉寮。」（閩南語）因為做米粉，就是注定要從早忙到晚，過著像陀螺般轉不停的生活……。

莊家阿嬤十九歲就嫁進做米粉的人家，開始她一生勞苦操勞的命運。幾十年來不管日子多苦，她咬緊牙關堅持無論如何都要將八個子女拉拔長大，好好地守護這個家，這是她對婚姻的承諾。

她靠著做米粉，獨立撫養八個嗷嗷待哺的子女長大成人。對於先生不負責任的拋家棄子、外遇離家，她絕口不提，只有「默默認命」地一肩扛起養家的責任。問阿嬤當年有沒有想過要「落跑」？阿嬤只是淡淡地說：

新竹舊稱「米粉寮」、「米粉窟」。因為有九降風——強勁乾燥的東北季風的吹襲，讓新竹的米粉遠近馳名。

「那孩子怎麼辦？」因為捨不得放下八個孩子，她沒日沒夜的做米粉、賣米粉的辛苦，八個孩子都看在眼裡，也理解媽媽的辛苦。長大後個個成材，並且特別孝順。

莊家阿嬤驕傲的說：「我家的孩子都是讀夜校的」，即便是白天要在家幫忙做米粉，晚上才能到學校去上學，阿嬤靠著做米粉，照樣培養出留美博士。阿嬤說再苦也一定要讓孩子讀書。如今八個孩子都各自成家立業了，她也將米粉事業交給排行最小的兩個兒子一起繼承。

做米粉是一個勞力密集、需要很多人力投入的行業，平常除了兄弟、妯娌、婆媳，有時連嫁出去的大姑、小姑也都會回來幫忙，阿嬤就像「桶箍」般，把全家人都「箍」在一起。但是吃大鍋飯的大家庭，一大家子幾十口人，平常工作在一起、吃飯也在一起，人多嘴雜，彼此難免意見不合，自家牙齒都會咬到舌頭，更何況是婆媳、兄弟、妯娌、姑嫂之間的相處。再加上枝葉繁盛的

近年食安問題嚴重，媒體披露：米粉裡面竟然沒有米？嚇壞了愛吃米粉的消費者，也掀起食安疑慮。

下一代堂兄弟姊妹，小孩子在一起難免有紛爭，要維持「家和萬事興」的局面，的確考驗莊家阿嬤的智慧。

以前新竹米粉寮的媳婦是很辛苦很可憐的，但是當米粉阿嬤的媳婦辛苦嗎？媳婦玉桂卻覺得很幸福。阿嬤說：「我以前辛苦過，現在就不要再糟蹋別人家的女兒了。」

就是這一顆體貼的心，讓她們婆媳沒有距離。同時她凡事也總是力求「公平」對待每個人，她常教子孫晚輩們要學會「轉念」，念頭一轉，人生就豁然開朗了，人生不要太計較，自然就沒有過不去的坎了。

莊家阿嬤向來以身作則，以「身教代替言教」，她對待媳婦比自己親女兒還要好，也經常藉機輕輕地提點「妯娌的相處之道」。所以，他們家沒有「女人戰爭」，他們家姑嫂、妯娌比親姊妹還要親。莊家阿嬤以女德、智慧來教誨她的兒子、媳婦，引領全家和樂興旺。

在食安風暴下，莊家的純米米粉備受消費者的歡迎。莊家阿嬤說：「一定要做人能吃的良心米粉。」

重陽後，新竹又乾又強的九降風，吹出一卷卷Q彈好吃的米粉（上圖）。莊家米粉原料採用在來米（左圖）。

近年來食安問題頻傳，許多米粉被驗出沒有「米」的成分，甚至是有危害人體健康的成分。莊家的純米米粉意外成為市場的搶手貨，這時莊家的子女才發現「原來媽媽的堅持是對的」。米粉阿嬤一生沒有受過高深的教育，只知道要把家庭照顧好，君子愛財、取之有道，不能違背良心做米粉。在阿嬤的殷殷教誨下，莊家的純米米粉在兄弟、婆媳、妯娌、姑嫂地通力合作下，生意蒸蒸日上，也見證了「家和萬事興」的道理。

如今莊家已經五代同堂了。回首從前，阿嬤母兼父職地獨自扛起養家活口的責任，日子再苦都堅持要讓孩子繼續讀書，所有的委屈、痛苦都獨自往自己肚子裡吞，從來不曾在孩子面前訴苦或是抱怨。阿嬤的一生給後輩留下最好的典範，媳婦玉桂希望能邀請阿利到家裡，為婆婆留下一個幸福的記憶，他們想表達對阿嬤的感恩！同時，也希望將阿嬤的智慧傳承給下一代。

莊家阿嬤多年媳婦熬成婆，深知媳婦嫁到婆家的辛苦。她把媳婦當成女兒般疼，莊家婆媳情如母女。

雖然九十多歲了，米粉阿嬤依然每天和孫輩們一起工作（上圖）。有阿嬤在，莊家人向心力特別強（左圖）。

幸福
茶會

泡一桶家人的解渴茶

因為做米粉是很勞力密集的行業，需要很多人手，莊家每天都會有十幾個家人、親戚前來接力來幫忙。阿利老師建議媳婦玉桂，在大夥兒工作的地方，設置一個「奉茶區」，每天泡上一桶「大桶茶」，來慰勞大家的辛苦。同時也讓大家在工作之餘，可以喝喝茶、聊聊天，增加彼此的感情。

除了平常在工作場合，設置一個「奉茶區」，讓大夥兒可以藉由喝茶休息補充體力。像莊家這樣五代同堂的大家庭，逢年過節總是會特別熱鬧，居住在外地的兄弟姊妹、以及他們的下一代都會一起回來，全家二、三十人齊聚一堂，更是少不了大桶茶。

茶品 大桶茶

材料

高山烏龍

茶的小知識

茶名：烏龍茶（包種茶、凍頂烏龍茶、東方美人、高山茶、鐵觀音都泛稱烏龍茶）

分類：屬於綠紅黃白黑青六大茶系中的青茶

製法：部分發酵

泡法

1. 茶葉量和水的比例通常是：1 公克的茶葉配 60cc 的水，最簡單好記的比例就是：1 包 4 兩包裝的茶葉對上 10 公升的熱水。

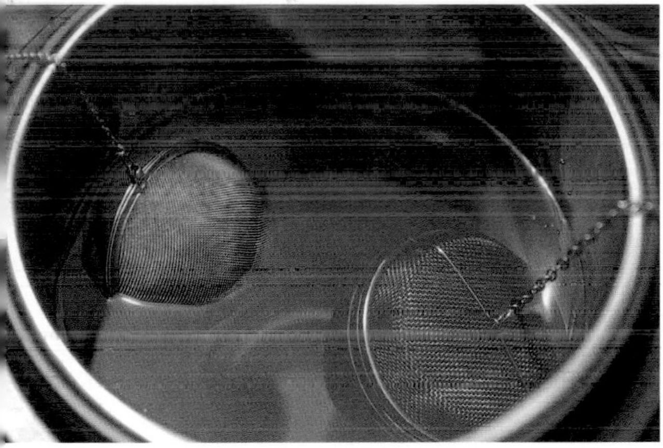

2. 沖泡高山烏龍茶必須用 90℃以上的熱水沖泡。

3. 因為茶葉會吸水而膨脹，所以最好將茶葉分置在兩個內膽中，讓茶葉有展開釋放茶湯的空間。沖泡 6-7 分鐘過後，取出內膽即可。

驚喜

我們特別在中秋節的前夕，邀請莊家所有的家人回家團聚，在自家院子舉辦一場別開生面的「中秋團圓感恩」茶會。我們設計了一個「感恩時刻」的遊戲，每個人都要寫一張感恩卡，把自己要感恩的對象、內容，大聲說出來。沒想到，這個遊戲竟變成大家「飆淚」的戲碼。

每個人第一位要感謝的都是阿嬤。回想童年的窮困、半工半讀的辛勞……，大夥兒不覺熱淚盈眶，還好當時有媽媽在，兄弟姊妹才能有一個「家」，全家人齊心協力一步一腳印，才有今天的景況。長大後兄弟姊妹偶有意見不合，但看在阿嬤的分上，大家都能互相退讓包容彼此。

媳婦們也感恩婆婆養出好兒子，讓她們得以嫁到好老公。她們也在婆婆身上學到「認命才能好命」的道理。莊家妯娌、姑嫂親如姊妹，她們感恩有緣能在莊家互相照顧、彼此成就。

在這之前，他們從未表達過，也從未想過要把自己的內心話說出口，一張感恩卡沒想到竟是有著寫不盡的感恩。在笑聲中，他們個個熱淚盈眶——原來，他們是如此深愛著彼此！

幸福筆記

我想，每一位女人在穿上白紗的那一刻，心中一定是充滿喜悅，她幻想著結婚以後可以從此幸福美滿。然而從進入禮堂的那一刻，並非每一位王子跟公主，從此就能過著幸福美滿的日子，因為婚姻總是充滿各種挑戰，還有許多的困難，尤其是在現在離婚率節節上升的今天，我們能不能永遠記得我們結婚當時那份喜悅的心情，還有我們彼此於婚姻的承諾？從米粉阿嬤的身上，我們看到了一個家因為有女才會「安」的道理。米粉阿嬤為母則強，不管生活多困難，她都堅持一定要把這個家顧好。我想此刻也許有些媽媽正徘徊在婚姻的十字路口上，或許米粉阿嬤的故事可以給我們一點啟示。

06 豆腐婆媳情

俗話說，女人是油麻菜籽命，隨著婚嫁，風吹到哪，就在哪落地生根、開花結果；無論如何都要竭盡所能地興旺夫家。所以，一家有女才會「安」。在苗栗田間的「幸福豆腐小舖」，就是婆媳合力撐起一家的故事。

在靜謐的苗栗鄉間，田間小路旁的尋常人家門口，擺著一個很庶民、但雅致的小木牌，上面寫著「幸福豆腐小舖」，這是何秀珠在自家門口做起生意的豆腐小舖。她的手工鹽滷豆腐、豆干，因為純手工，分量不多，所以特別新鮮好吃，廣受附近街坊鄰居的喜愛。何秀珠最得力的助手，就是她的婆婆葉金蘭，婆媳倆一起聯手，不只把她們小而巧的豆腐小舖打出名號，她們「模範婆媳」的故事，更是地方上流傳的佳話。

食安問題頻傳，很多人擔心吃到工業用石膏，危害腎臟，何秀珠的手工鹽滷豆腐受到顧客的喜愛。

何秀珠是從馬來西亞遠嫁到台灣的外籍新娘，她是土生土長的馬來西亞華人，學經濟的她，大學畢業後進入華隆紡織馬來西亞廠擔任採購，進而認識由台灣廠派駐至馬來西亞擔任工程師的先生，兩人相戀五年後結婚，何秀珠隨著先生回到台灣，成為苗栗客家庄的媳婦。為了照顧相繼出生的兒女，她志願成為專職的家庭主婦。

原本幸福和樂的家庭，卻在華隆紡織無預警地倒閉後，一切都變調了。面臨中年失業的先生整日鬱鬱寡歡，接著屋漏偏逢連夜雨，又被檢查出罹患直腸癌！在一片愁雲慘霧中，促使何秀珠必須一肩挑起一家的生活重擔。

然而，中年婦女二度就業談何容易？於是在婆婆的支持下，何秀珠去學習製作鹽滷豆腐，開設了幸福豆腐小舖。希望能鼓勵因病消沉的先生，能重回人生常軌，也兼顧家庭的生計。而「幸福小舖」也開啟了何秀珠如陀螺般忙碌不停的生活。

何秀珠的生活就像陀螺般轉不停，每天早上十點就是她開始磨豆子、做豆腐的時間，當天做、當天賣。

每天清早送完孩子上學後，是她一天中僅有的短暫空檔，她必須趕緊去買菜和整理家務。因為早上十點半一到，就是她開始做豆腐的例行時刻了。她動作俐落、一絲不苟地從黃豆的浸泡、到磨豆時的水量配置、與煮漿的溫度掌控等，都在其精準的掌控之中。

年過七十的婆婆葉金蘭是何秀珠的最佳助手，她小心翼翼地將一塊塊豆腐與豆干，依序的裝袋排列，婆婆竭盡所能地想替媳婦多分擔一些工作，她很理解媳婦秀珠這些年來為這個家所付出的辛勞和不易。她總是體諒媳婦是別人辛苦養大的女兒，能來陪伴自己，就應該要心存感謝，要好好的疼她才對。葉金蘭豁達地說：「有時候，我們自己親生的子女都不能唸他們了，更何況是別人辛苦養大的媳婦。」所以，她從不嚴厲指責媳婦的不是，反而把秀珠當成是自己的女兒般看待。

雖然何秀珠是華人，但是從馬來西亞遠嫁來到人生

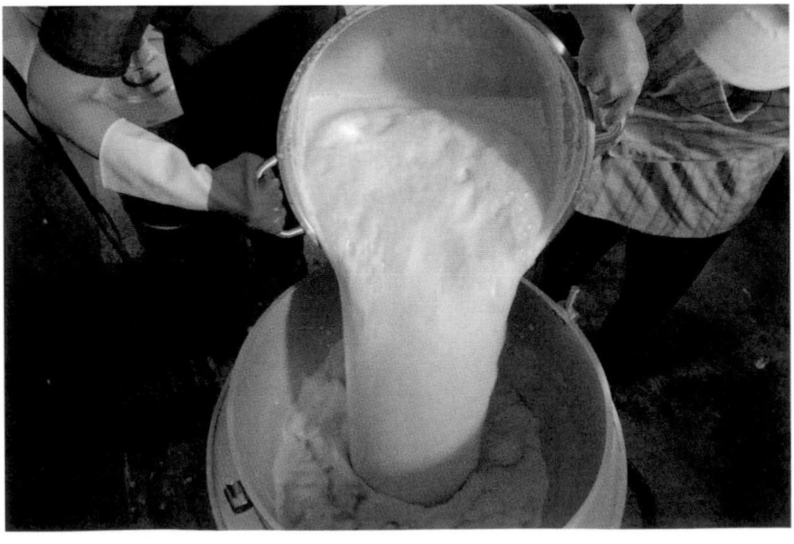

為了能兼顧家庭，何秀珠選擇自己創業賣豆腐，她也拉先生一起參與，鼓勵他重新找回生活的自信。

地不熟的台灣，還是有許多文化和生活習慣需要調適的。於是，金蘭就當秀珠的在地嚮導，婆媳倆經常騎著摩托車大街小巷地四處繞，讓秀珠熟悉環境，同時也不忘帶秀珠一起品嘗在地的客家美食。金蘭疼愛媳婦的種種貼心舉動，都讓秀珠銘記於心。

儘管婆媳倆情同母女，但在生活習慣上，兩代還是存有許多差異，尤其是飲食習慣。客家菜有許多醃製食品，口味也較油較鹹，每當逢年過節常有煮大鍋菜的習慣，接連好幾天都吃同一鍋菜，這讓秀珠感到很不適應，她習慣是每餐煮、每餐吃完，不吃隔餐和隔夜菜；但婆婆金蘭卻習慣吃傳統又鹹又油的客家菜，她覺得媳婦秀珠吃那麼清淡，怎麼會有力氣幹活呢？她甚至擔心這樣孫子會營養不夠，而時常買炸雞和爌肉回來給孫子補。

另外，小至廚房用品的擺放與整理，婆媳倆的習慣也都不一樣，秀珠習慣隨手就收拾、擺放整齊，金蘭的

何秀珠與婆婆葉金蘭可說是最佳拍檔，婆婆是何秀珠最得力的助手，也經常提點她注意製作的小細節。

瓶瓶罐罐很多，卻習慣隨興擺放，導致剛開始對客家食材不熟悉的秀珠，把金蘭的寶貝——陳年蘿蔔乾誤以為是發霉壞了，隨手扔掉，讓金蘭心疼好久。

雖說廚房裡容不下兩個女人，婆媳倆生活習慣大不同，但是她們懂得彼此尊重、互相包容。金蘭吃不慣秀珠煮的清淡口味，為了不給媳婦增加困擾，就主動提出她要自己煮，自己想吃什麼就自己準備，不用麻煩別人也不會委屈自己，反而更自由自在。

金蘭認為婆婆要懂得「放手」。她說婆媳糾紛的原因，常常是因為教育下一代的觀念歧異造成的。她認為教育孩子是父母的責任，所以，她只教自己的孩子，從不插手或干涉孫子的教養，因為她必須尊重媳婦的教育權。平常像媳婦做豆腐、賣豆腐，金蘭也只幫忙，從不過問其他事。對於婆婆的開明，讓秀珠很是感激，婆媳倆就在互敬互愛的生活日常中，不停地累積愛的存款。

豆製品容易腐壞變質，幸福豆腐小舖的產品都是當天現做現賣的，當天一定要賣完，以確保新鮮。

馬來西亞華人的媳婦，和台灣在地的客家婆婆，在生活習慣上雖然有很大差異，但仍包容彼此、相互尊重。

幸福茶會

泡一杯有娘家味的茶

因為何秀珠的娘家遠在馬來西亞，能回娘家的機會很少。婆婆金蘭很理解媳婦秀珠渴望回娘家的心情。所幸，秀珠剛到台灣時，曾經參加社區大學開設的外籍配偶學習班，認識了一群從各地嫁到台灣的好姊妹，她們都是和秀珠背景相似的外籍新娘。

多虧有這群好姊妹，她們經常幫秀珠推銷、運送豆腐。大家平時互相幫忙，想家的時候互相安慰。所以，金蘭希望自己的家就是媳婦秀珠和外配姊妹們在台灣可以訴苦說心事的「娘家」，歡迎她們有空的時候可以來家裡喝茶聊天訴說心事，彼此互相加油打氣。

所以，阿利要教金蘭泡一壺當地出產的東方美人茶，來款待秀珠的外配姊妹們。

茶的小知識

東方美人茶主要產於新竹縣的北埔、峨眉，以及苗栗縣的頭份、三灣、頭屋一帶。把被小綠葉蟬叮咬過的茶芽和茶葉，以重萎凋、重攪拌以及重發酵的手法製成，茶湯有著豐富花果香、蜜糖香，湯色紅橙金黃，有琥珀色之明麗潤澤，味道濃郁。

相傳當年獻給英國皇室時，曾被尊稱為「香檳烏龍」。因為曾經被認為是「廢品茶」，卻在海外賣出了天價；當拿著大把鈔票的茶農回到家鄉，還被人譏笑是「膨風」，因此，也叫「膨風茶」。又因茶葉呈現出紅、白、褐、綠、黃五種顏色，所以也叫「五色茶」。

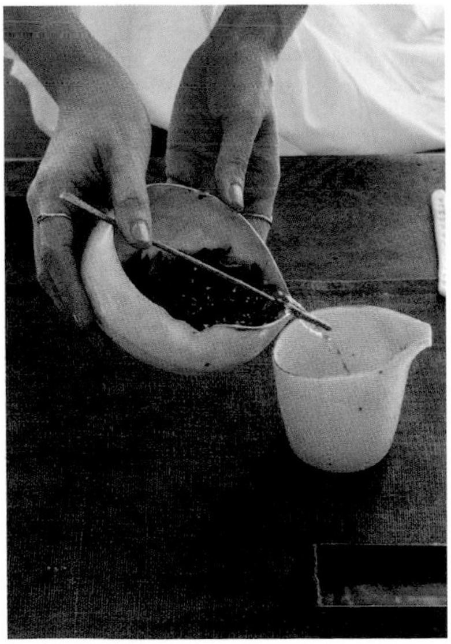

泡法

水溫:80至85℃的水溫沖泡，風味最佳。

茶具：以瓷製茶具為佳。

茶量：放入約茶壺內容量1/4高的茶葉，可依個人喜好增減。

沖泡時間：若需醒茶則第一泡約15秒倒掉，不需則約40至50秒飲用。接下來每泡增加20秒，約可沖泡4至5次。

幸福筆記

秀珠原是受過高等教育的白領，遠嫁到台灣後，人生接連遭逢重大考驗，她沒有逃避，也不怨天尤人，反而冷靜堅強地謀求新的生命出口。在婦女二度就業的重重困難下，她毅然選擇獨立創業，以手工鹽滷豆腐重新出發。她的勇敢，不僅帶領家庭脫離困境；也鼓舞了一度喪志的先生，重新找到生命的希望。

金蘭和秀珠這對婆媳一起面對逆境，當彼此最強的後盾，年邁的婆婆體諒媳婦的辛苦，竭盡所能地協助，卻不干涉。媳婦發自真心的孝敬婆婆，婆媳聯手打造出的幸福豆腐小舖，也成為苗栗一帶地方流傳的佳話、人人欽羨的模範婆媳。

07 小小人兒志氣高

吳婷諭罹患罕見疾病——軟骨發育不全症，即俗稱的小小人兒，身高只有一一〇公分的她，別人走一步，她得要走上兩、三步，但她並不氣餒，在小學畢業的那年，她已成功攻頂台灣六座百岳大山。

在登上三千公尺的山頂時，她早已超越了命運對她身高的限制，她以無比的毅力挑戰自己的極限，勇敢的接受自己，也找回了自信，因而榮獲了二〇一六年總統教育獎的肯定。

吳婷諭罹患的是基因突變所造成的骨骼生長發育不全，這是一種天生注定長不高的罕見疾病，而且特殊體質讓她容易出現中耳炎和駝背等症狀，雙腳更不耐久走。所以，在日常生活中她常因此而處處受限。在學校的她也因為身材矮小，容易受到同學不小心的碰撞而跌倒。

為了配合學校的「山野訓練」，爸爸、媽媽經常利用假日帶著婷諭去爬台北近郊的小山，訓練體力。

為了避免她受傷，她的父母有時難免會過度保護她。

直到小學三年級那年，學校資源班的老師創立了「山野訓練」，將婷諭從溫室的保護中帶到大自然磨鍊。透過學校和爸媽通力合作的山野訓練，讓婷諭徹底的脫胎換骨。她的身體變得更健康了，挫折忍耐力也提升了，更重要的是她變得更開朗了。媽媽廖璧如說，以前婷諭很怕生，不願意和人互動，自從參加山野訓練後，她漸漸願意信任別人、接受別人的協助，臉上自信的笑容也更多了。

學校的「山野訓練」就從每天跑操場、來回爬上十五趟樓梯開始，循序漸進地讓先天體能不足又不堪久走的婷諭，一開始不會感到太困難；訓練一段時日後，再帶婷諭爬臺北市郊的步道。如今，「山野訓練」已經帶領婷諭成功攻頂超過六座百岳大山了。這不只鍛鍊了婷諭的體能、陶冶她的意志力，更為婷諭找回了自信。

「山野訓練」把婷諭從過度保護的溫室帶到大自然磨練，身體更健康了，挫折忍耐力也提升了。

攻頂百岳對一般人而言，都不是輕鬆的經驗，更何況身高只有一一〇公分的吳婷諭。別人的一步，她必須兩步、三步才能跟上。問婷諭有沒有實在爬不上去、累到想要放棄的經驗呢？「當然有！」每當實在很累很累、走不動的時候，婷諭總會告訴自己「再堅持一下」、「再試看看」。因為，「老師、志工和同學都在山上等我，我如果不上去，他們不就白等我了。」「我如果半途放棄了，他們一直沒有等到我，一定會很擔心。」為了不讓老師、同學們擔心，不管有多累，吳婷諭總是咬緊牙關，堅持爬上山頂和同伴們會合。

雖說同儕夥伴、師長們的支持和鼓勵，是婷諭能堅持爬上山頂的動力。那攀登百岳又有何迷人的魅力呢？可以讓婷諭樂此不疲，一座接著一座爬呢？婷諭說，登上山頂時，那一瞬間豁然開朗的景象，實在太美、太迷人了。「很感動自己完成了任務，我克服身體的障礙，站在美麗的峰頂，再也不是軟弱的小小人兒。」

的確，此刻站在山頂的婷諭，她是小巨人，她比起在平地的任何人都高了。

學校的山野訓練要求家長要一起參與，婷諭的爸爸廖聰賢就這樣一路陪伴婷諭爬山，不只結交了許多登山的同好，自己也爬出了興趣。他非常肯定「山野訓練」對孩子人格的陶冶和訓練。他說每次爬百岳幾乎都需要三至四天的時間，必須住在簡陋的山屋，無形中也磨鍊孩子的克難精神，不能像平時在家那般養尊處優和嬌貴。另外，山野活動嚴格規定要力行環保，不能隨便在山上亂丟垃圾，這也養成孩子很好的生活習慣。每一次要出發前，都是讓孩子自己打包行李，登山行囊一定是力求簡單，只帶會用到的，這是對孩子「生活自理上最好的訓練。而爬山過程中對於耐力、毅力的考驗，也會形塑孩子的做事態度，養成堅持到底、貫徹始終的決心。

其實，婷諭是個幸運的孩子，她有一對非常成熟的父母。吳聰賢和廖璧如這對夫妻，他們以「接受上天安排，盡量用愛彌補」的態度來對待婷諭。教養孩子本來就不是一件容易的事，更何況是罕病的孩子。吳聰賢一直認為「每一個新生命的誕生就像賭博般，就接受上天的安排吧！」他相信天生我材必有用，一定要接受自己，不要一直聚焦在缺點上，而是要努力找出自己有興趣的部分。

媽媽廖璧如不否認——剛開始知道自己有一個罕病兒時，心裡是非常焦慮不安的。不過她很慶幸，「家人

婷諭是個幸福的孩子，爸爸、媽媽用愛彌補她先天的不足，努力引導她找出自己的興趣和價值。

給我很大的力量，讓我很快就走出悲傷。」因為婷諭的爺爺、奶奶都非常疼愛她，全家人都用正向的態度來對待婷諭。廖璧如和吳聰賢夫妻倆共同面對、一起承擔「家有罕病兒」的困難。在婷諭的教養上，他們分工合作，爸爸負責安排婷諭戶外的山野運動，媽媽則是陪伴她去罕病基金會學習較靜態的才藝課。

每個週末，璧如媽媽都會帶著婷諭到罕病基金會上課，學習各種才藝。她說：「在罕病基金會裡，讓我們找到許多安定的力量。」因為在那裡，認識很多罕病家庭及病友，大家互相鼓勵，一起以正面積極的態度來面對罕病。更重要的是：婷諭在這裡結交到很多好朋友，讓她停止自怨自艾「為什麼我會長不高？」因為她看到狀況比自己更不好的友伴比比皆是，讓她不敢抱怨，反而心存感恩。

璧如媽媽也經常舉其他罕病病友的生命故事來鼓勵婷諭，「讓她知道罕病是無解的生命難題，但只要不放棄也能活出精彩的人生。」

在父母、家人、師長用心的栽培灌溉下，婷諭勇敢面對自己的先天缺陷，「接受自己」。經由父母、師長的引導，她逐漸找出自己的興趣，發展出自己的價值。老師說，「婷諭的口琴和畫畫都表現得很不錯。」

爸媽從來就不避諱談論婷諭罹患軟骨發育不全的罕見疾病。所以，「長不高」這件事從來就不是他們家的禁忌話題。因為父母老早就幫她打好預防針、預先給她心理建設，所以，婷諭從小就接受自己「宿命」的「與眾不同」，進而找出自信，創造自己的價值。

活出自信的婷諭，這一路來非常感謝爸爸、媽媽、還有老師對她的付出和栽培，讓她得以學會勇敢的面對自己。所以，未來她也希望自己能夠當一個手心向下的人，能夠為別人付出和奉獻。

但是，小小年紀的婷諭想卻不知道該如何跨出自己想為別人服務的第一步？阿利告訴她，要幫助別人、為別人付出，其實一點都不難，可以從日常生中多一點點的「用心」開始，細心地觀察周圍的人有什麼需求？然後再設法去滿足他們的需要，例如夏天爬山口渴時，請同伴們喝茶。

所以阿利老師想教婷諭製作適合夏天爬山解渴的冷泡茶，讓她假日爬山時，可以表現她的用心和貼心。而且冷泡茶的製作很簡單，婷諭一定可以做到的。

阿利教婷諭做冷泡茶，下次去爬山時，就可以跟夥伴們一起分享，學習為別人付出和體貼。

幸福茶會

體貼夥伴的冷泡茶

「高山」造就了「高山茶」的獨特風味，而「高山」對婷諭的品格發展又別具意義。所以，阿利老師特別選用台灣高山茶來教婷諭做冷泡茶。因為高山氣候涼冷，早晚雲霧籠罩，平均日照短，茶樹芽葉含兒茶素類等苦澀成分降低，而茶胺酸及可溶氮等對甘味有貢獻之成分含量提高，因此高山茶色澤翠綠鮮活，滋味醇厚，喉韻強勁，香氣淡雅持久。

而原本是受眾人共度保護的溫室花朵，在接受山野訓練後，吳婷諭彷彿脫胎換骨般，變得自信又堅強。當她攻上百岳登頂時，她的高度、她所看見的景象，早已超越了平地的眾生，所以，高山茶的茶韻最能符合吳婷諭的心情－願意手心向下、為別人付出。

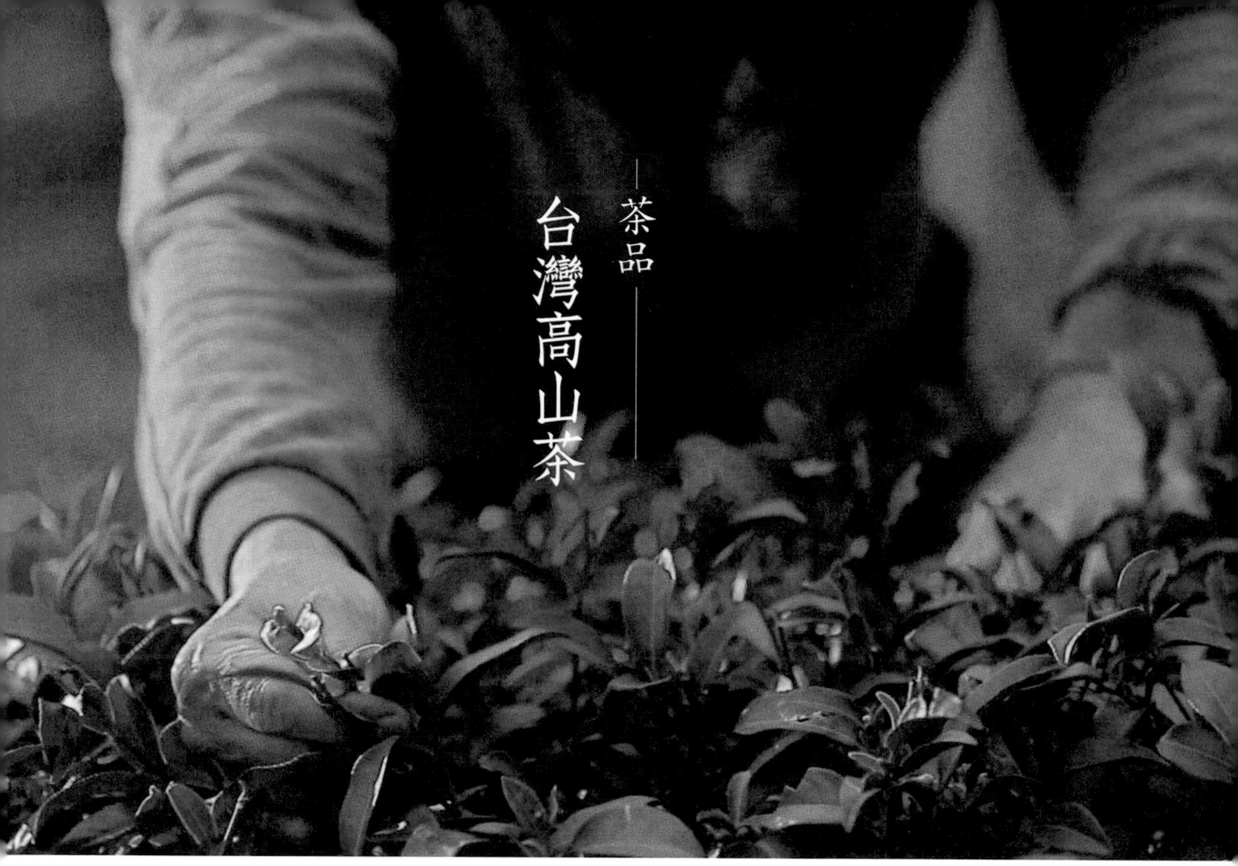

茶的小知識

台灣高山茶具有獨特的清香與喉韻，受到許多人的喜愛，近年來更成為名聞遐邇的台灣名茶。所謂的「高山茶」是指生長在海拔一千公尺以上的茶園。因為高山氣候冷涼，早晚雲霧籠罩、日照短，不僅降低了造成茶葉苦澀的「兒茶素」，也提升了讓茶葉甘醇的「茶胺酸」及「可溶氮」的成分。茶樹在高山上生長緩慢，茶樹也因此芽葉柔軟、葉肉厚實，果膠質含量更高。

冷泡茶作法

1. 600cc 的礦泉水放入 10 公克的茶葉。

2. 前一晚放到冰箱冷藏，約 4 至 6 小時即可。

冷泡茶優點

完整保存茶多酚，咖啡因只有熱水沖泡的一半，不會有泡壞或是泡出苦澀的風險。冷泡甘甜不會有苦澀，同時溫度低，兒茶素溶出較少，口感更甘甜順口。

幸福筆記

最美的風景一定是在最後，半途而廢就等於前功盡棄了！這是婷諭在山野訓練中所體會到的道理。雖然高度會影響一個人的視野，但是先天限制她只有一一〇公分的吳婷諭，藉由「登百岳」來提升人生的高度，當她登頂的那一剎那，所看到的景象，早就超越一般人在平地所看到的；她不僅找回自信，也開闊了胸襟和境界。

父母一路用愛彌補、用愛灌溉婷諭，讓找回自信的她，也期許自己能當一個手心向下的人，用愛去回饋周遭。一杯親手製作的冷泡茶，是吳婷諭回饋這世界的開始，相信未來愛的雪球必會愈滾愈大。而吳婷諭成長奮鬥的故事，也將激勵更多年輕人。

08
母女情深

「我不能選擇自己的出身，但我可以編織我的夢想！我可以策畫我的人生，我可以用我的努力去創造我自己的命運……。」來自單親外配家庭、從小和媽媽、妹妹四人相依為命的林雯姿，靠著這樣的信念，陪著媽媽走出家暴的陰影，在田徑場「走」出自己的一片天。

林雯姿是田徑場上「競走」的選手，二〇一六年她榮獲了總統教育獎、二〇一七年獲得全國運動會女子二十公里競走金牌、二〇一九年她破全國運動會的大會紀錄……。未來，奧運競技場的榮耀在在等著她。

每天清晨四點，就讀於高雄師範大學體育系的林雯姿就必須起床，六點就必須趕到後勁國中的操場練習「競

正值青春年華的雯姿，總喜歡一個人躲在角落裡；用塗鴉的方式畫下一頁頁又一頁的青春日記。

走」了。不管颳風下雨、或是南台灣的豔陽有多熾熱，她每天早晚必定在操場上來回走上二十五公里以上。

雯姿來自單親家庭，媽媽是越南新娘。五歲時父母離婚，媽媽獨自帶著她和兩個妹妹來到高雄落腳，開始母女四人相依為命的生活。媽媽每天早出晚歸幫傭賺錢，身為大姊的雯姿自動替媽媽補位，承擔起照顧妹妹的責任，也養成自己獨立負責的個性。

每天早晨運動場的例行訓練告一段落後，雯姿必須馬不停蹄的趕去餐廳打工、學校上課。她是時間管理高手，在繁忙緊湊的例行時間表裡，她還能擠出片刻的小空檔，靜靜地躲在校園僻靜的角落看書，或是塗鴉寫滿她一頁又一頁的青春日記，抒發少女心事，也提醒自己別忘記了夢想。

田徑訓練雖然很辛苦，但是林雯姿總是咬緊牙撐下去，她說她不能放棄，因為「家」在等她。她說：「我

雯姿每天早晚都在操場上訓練競走二十五公里，不畏風雨、或是南台灣酷熱的豔陽。

所走的每一步路，都是為了減輕媽媽的辛苦。」這是她會選擇當一名運動員的唯一理由，「因為小時候家裡沒有電視，只能和妹妹們玩戶外活動，就玩出好體力來。」而且更大的誘因是：「從國小開始就經常參加很多的運動比賽，比賽有獎金可以拿回家給媽媽貼補家用。」所以，林雯姿很小就懂得「賺比賽的獎金」來幫媽媽了。也難怪她說：「每次往前踏出的那一步，就會更接近家人未來的幸福。」為了「家」，她會一直堅持走下去。

林雯姿不因貧困而自卑，反而更積極樂觀地力爭上游。二〇一六年她榮獲了統統教育獎的肯定，二〇一七年她考上高雄師範大學體育系，並且在全國運動大會的女子田徑二十公里競走勇奪金牌，二〇一九年她得到全運會的銀牌，並且打破大會紀錄。她是教練非常看好的體壇明日之星，自己也希望有朝一日能走上奧運的競技舞台。

雯姿從小就是運動健將，經常參與各種田徑比賽，用「賺比賽的獎金」來幫媽媽貼補家用。

怎樣才能成為一個優秀的競走選手呢？雯姿說：「身為一個運動員，首先心理素質要好。」除了平常的生活要「自律」外，每天的訓練量一定不能偷懶。此外「抗壓性」要夠，很多選手常常因為壓力太大而比賽失常；而且還要有堅強的毅力，才能走過低潮的撞牆期……。

林雯姿的第一場國外比賽就是去媽媽的祖國——越南的胡志明市，參加亞青盃的田徑錦標賽。原本準備充分，有望奪冠勝出的比賽，不料現場來了很多媽媽的親友團前來助陣，讓雯姿現場備感壓力，小小年紀的她愈是想表現好，而身體卻愈不聽使喚；最後表現失常，在親友團面前慘遭滑鐵盧！雖然媽媽第一時間就上前安慰她，還是讓雯姿為此懊惱不已，甚至失去信心，而萌生退意。

許多選手在訓練過程中，常會因訓練過度，或是壓力太大，而有所謂的低潮撞牆期，而雯姿也無可倖免

雖然從小經常隨著單親媽媽四處搬家，但是樂觀的雯姿認為，有媽媽在的地方就是她們姊妹的家。

地遇上了，「那時我走不動也練不動，原本十公里我只要走五十分鐘，但那時候卻走都走不完，連我自己也嚇到。」還好在那段黑暗期，媽媽都不曾給雯姿任何壓力，在媽媽阮氏燕妮的觀念裡，「雯姿生長在單親的家庭裡，已經少了父愛了，更不能給她壓力。」在那段沮喪的黑暗期，媽媽是雯姿最溫暖的依靠，她也從媽媽的身上得到支持的力量。

身為長女的雯姿，從小就能理解「媽媽獨自養家不容易」。雯姿回憶小時候，「桌上的飯菜永遠都是冷的，長大後才漸漸明白——當時媽媽再忙再累，要出去工作前一定會把飯菜做好，讓我們不會餓肚子的苦心。」所以，她從小就學會為妹妹們熱飯菜，然後「長姊如母」地幫媽媽分擔照顧兩個妹妹等家務。

小時候媽媽每天都要出去幫傭，要很晚才能回來。「媽媽回來時我們都睡了，只有在上學出門時才能看到

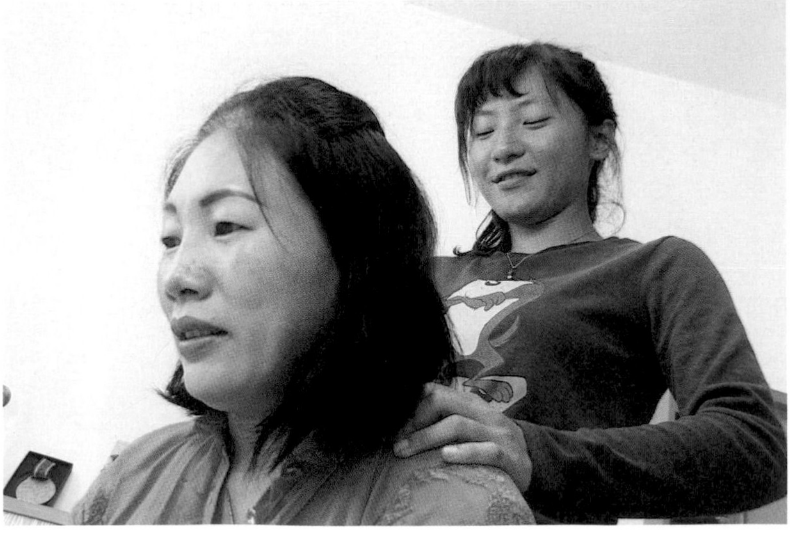

運動員的雯姿經常有運動傷害，媽媽常幫她按摩減少疼痛，長大後換雯姿幫媽媽按摩，體貼她的辛勞。

正在睡覺的媽媽。但是，在雯姿的眼裡，媽媽就像蘆葦般，柔軟中有著超強的韌性，不管遇到多大的困難，她都可以克服困難。

「因為有媽媽在，我和妹妹才有家。」小時候因為沒有爸爸，雯姿和妹妹有時候會被同學欺負，媽媽總會堅定勇敢地告訴她們：「沒爸沒關係，有媽更好，媽媽會照顧我們。」小時候她們也經常搬家，居無定所，雯姿也和妹妹們常常問媽媽：「我們的家在哪裡？」媽媽總是很堅定地說：「媽媽在哪裡，家就在哪裡。」

從小媽媽就是雯姿心中的支柱、穩定力量的來源。長大當運動員之後，雯姿經常會有運動傷害，媽媽總是心疼地呵護備至，幫她按摩、替她尋訪偏方……，讓她覺得「有娘的孩子真的像個寶」。有時候，「在訓練上一直達不到教練要求時，其實會很生氣、也會很沮喪。」所以，只要雯姿臭臉回家時，媽媽和妹妹就會離她遠遠

雖然是單親家庭，媽媽依然嚴格要求雯姿三姊妹的生活教育，要跪著擦地才能真正把地板擦乾淨。

的不敢吵她，讓她有一個空間可以平復情緒。然後不久後桌上就會悄悄的出現雯姿最喜歡吃的丹丹漢堡……，家人的這些舉動，都會讓雯姿覺得很窩心，所以，雯姿說：「家人都是支持我向前的力量。」

在雯姿最徬徨、沮喪的撞牆期，媽媽是雯姿心中的「定心丸」。表面上媽媽總是一副無關緊要的態度，總說：「不當運動員也沒關係。」其實是媽媽的用心良苦，她希望雯姿快樂就好，至於得不得金牌一點都不重要，她從不給雯姿任何壓力。讓雯姿在二〇一六年的那段低潮撞牆期，可以放心輕鬆地休息了將近一年的時間，停止各種田徑訓練，讓身心得到徹底地放鬆和修復。

所以，在二〇一七年重現江湖的雯姿，一舉便拿下那年全運會女子二十公里競走金牌。走過低潮後的雯姿對自己更有信心了，希望她能夠達標世大運，代表國家出賽爭取更高的榮耀，成為明日的台灣之光。

家裡小，沒地方擺茶席邀請全家人一起喝茶，但是阿利依然幫雯姿在家門擺出一個漂亮的茶席。

終於可以圓夢——邀請全家人一起喝下午茶（上圖）。擅長塗鴉的雯姿特別畫一張卡片送媽媽（左圖）。

幸福茶會

為家人圓一個下午茶的夢

雯姿一家人都喜歡喝珍珠奶茶。雯姿常常很羨慕同學的媽媽，都有時間打扮美美地去喝下午茶；而自己的媽媽卻勞碌一生，從未喝過浪漫下午茶。

為了感恩媽媽和妹妹們一路的陪伴和支持，阿利老師要教雯姿在家裡也能布置出浪漫雅致的五星級下午茶席，然後用「珍珠奶茶」，為她們營造一次母女的幸福告白。

一顆顆圓滾滾、滑溜溜的粉圓，原是台灣到處常見的平價點心，沒想到與甜甜的香濃奶茶結合後，竟搖身一變成名揚國際的「珍珠奶茶」，不僅征服了許多消費者的味蕾，成為飲品市場裡驕傲的「台灣之光」。Q彈有勁的珍珠粉圓，就像雯姿和媽媽般充滿韌性。也希望藉由這杯珍珠奶茶，預祝雯姿也能成為未來的台灣之光。

茶品

珍珠奶茶

粉圓

材料

粉圓（以新鮮粉圓口感較佳）

二砂糖、熱水（1：6）

珍珠粉圓的小知識

珍珠粉圓最好買新鮮的，但是乾燥粉圓較能保存久一些。水燒滾後才能把粉圓下鍋，否則粉圓會糊成一團，粉圓煮好一定要再燜過才會 Q。

珍珠粉圓的煮法

1. 將粉圓倒進熱水中煮，要馬上攪拌，攪拌至粉圓完全浮在水面上，這樣粉圓才不會黏鍋。

2. 水滾後改中小火，再煮 20 分鐘，熄火，蓋上鍋蓋燜 20 分鐘。

3. 把熱水濾掉，分次沖水、攪拌讓粉圓完全冷卻（一定要先冷卻，不然會糊掉）。

4. 粉圓瀝乾水分後加二砂糖，糖量是粉圓的 1/5，並且快速攪拌，讓糖融化後備用。

材料

紅茶包 4 包、全脂鮮奶、煉乳

奶茶的小知識

奶茶是一種將茶和奶混合的飲料，建議用鮮奶或是奶粉沖泡，盡量避免用奶精。
蒙古族的奶茶以磚茶、牛奶（或羊奶、馬奶）、奶油煮成，加鹽調理味道偏鹹。[南港式奶茶又稱為「絲襪奶茶」，當地飲用奶茶的習慣起源於英國的下午茶，以紅茶混和濃鮮奶加糖製成，冷熱飲均可。
台灣的珍珠奶茶，則於奶茶中內加入煮熟後外觀烏黑晶透的粉圓，遂以「珍珠」命名。

奶茶的泡法：

1. 水滾後將紅茶包放進鍋內泡 5 分鐘，取出茶包，放涼。

3. 全脂奶和煉乳（1：1）混合後備用。

4. 取出玻璃杯，舀入粉圓、倒入奶茶即可。

幸福筆記

我們真的在雯姿家的門口，擺出令人不可思議、堪比五星級水準的下午茶席。在狹小的巷子裡，東拼西湊而來的桌椅，鋪上了對比柔和的兩塊布，再加上一點點的小點綴……，就幫雯姿、媽媽、妹妹圓一個母女一起喝下午茶的夢了。

所以，家裡一定可以找出能和家人一起喝茶的小角落。因為，只要「用心」，好像什麼都不難了。

林雯姿說，身為運動員，就是要從基礎開始，一步一腳印，沒有一步登天這回事。而要當一名優秀的運動員，首先心理素質要好，除了必須「自律」外，更要有超強的抗壓性，盡人事、聽天命，以平常心看待每一次的比賽。以無比的毅力勇敢面對自己的低潮，每天都要讓自己有昂揚的鬥志。

當年媽媽獨自帶著三名幼小的女兒勇敢走出家暴，一路來母女患難與共，互相扶持，終於突破了重重難關，走出自己的幸福之路。她們把運動員的精神用在她們的生命競賽上，她們就像是不向命運低頭的珍珠，晶瑩剔透又充滿生命韌力。

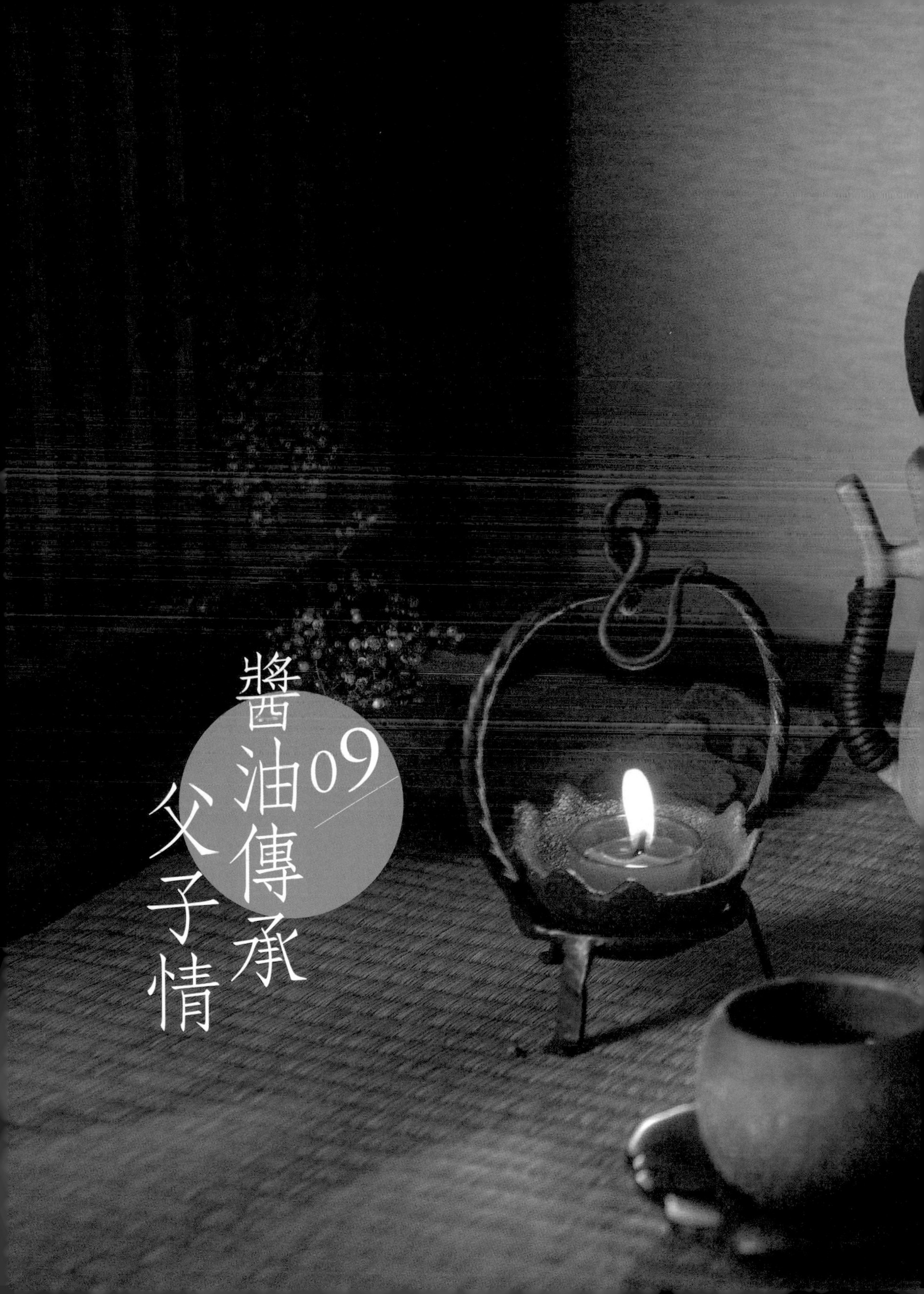

09 醬油傳承父子情

謝家煮醬油的大鍋爐不時飄出濃醇的醬油香，大灶底下的柴火劈哩啪啦地已經燒超過一甲子了，謝家三代慢火熬煮醬油的手，至今未曾停歇過，不管時代的節奏多麼快速，食品科技多麼發達，謝家人依然堅持著上一代手工柴燒、古法釀製醬油的傳統。以前在西螺街上到處都是像謝家這樣的醬油人家，但是漸漸地西螺人家的子弟，都紛紛改行不做醬油了。幸運的是，謝家的兩個兒子他們願意「繼承家業」，卻意外揭開「傳統」與「創新」兩代拔河的戲碼。

從很遠的地方就可以看到從謝家飄出的裊裊輕煙，醬油爸爸謝裕讀又在慢火熬煮他的手工醬油了，他堅持用柴火細熬的醬油才會醇厚香純。謝裕讀從小跟著父親學習做醬油，父親告訴他：「每一個灶頭都會有一個灶君，守護著每一個家」。

所以，他從小就相信：「大灶象徵著家的興旺」，大灶裡的熊熊烈火也隨時提醒他「薪火相傳的責任」——要崇敬天地，用心做好醬油。

許多人勸他「用現代的瓦斯鍋爐煮醬油不是比較輕鬆嗎？」謝裕讀依然堅持他的古法釀造。除了用柴燒煮醬外，還堅持十二道繁瑣的古法釀製工序，每一步環節都要按部就班，一絲不苟、半點都不能馬虎。而且他們製醬的黑豆是放入陶缸鹽封後，經過南部大太陽下曝曬半年後，自然發酵而成的，沒有添加任何的化學催化劑，他們相信「好醬油的品質是必須用時間換來的」。

謝裕讀的太太邱碧惠可說是他的賢內助，邱碧惠總是跟著謝裕讀後面「憨憨地做」，夫妻倆靠著做醬油拉拔兩個兒子長大。然而手工醬油成本高、利潤低，夫妻倆曾經為了生計四處搬家，甚至好幾次面臨入不敷出的窘境，但是他們「把吃苦當吃補」，堅持不放棄做下去。

「做醬油是來自家族的使命感。」謝裕讀是醬油行老闆的獨子，從小跟著爸爸學做醬油，他從父親身上學到——「做醬油重誠信，講人情味。」他很懷念小時候陪爸爸挨家挨戶地「寄醬油」，每個月去一次，顧客家的醬油還沒吃完，就貼心地送來新的醬油，讓客戶安心不怕家裡醬油缺貨，而且「有開瓶使用才收錢。」謝裕

謝家的手工醬油是遵循古法，必須在南部的豔陽下曝曬一百八十天，讓黑豆天然地自然發酵。

讀很懷念父親那一代做生意重視誠信、講究人情味的溫馨，「一瓶醬油，一世恩情。」

就這樣慘澹經營，直到二〇一三年發生一連串的食安風暴，謝家的手工醬油才開始出現轉機！他們純手工製造、不添加化學原料的做法，得到了社會大眾的支持，從默默無聞的小販漸漸開始打出名號。而謝家的兩個兒子宜澂和宜哲兩兄弟，也是在參加農學市集的擺攤販賣時，收到許多客人的好評後，才知道自家的醬油這麼棒，才開始萌生接班的想法。

如今兄弟倆開始加入接班的行列，哥哥宜澂負責產品設計行銷，弟弟宜哲則是學習製醬功夫。兄弟倆聯手發揮所長想幫助自家的醬油「品牌創新」，不料卻引起父子三人的意見衝突，讓夾在中間的媽媽邱碧惠左右為難，很擔心長久下去會傷了父子之情。

宜澂和宜哲兩兄弟野心勃勃地想做品牌轉型，謝裕

謝爸爸堅持醬油一定要用柴火慢慢熬煮，滋味才會香醇。醬油製作工序繁複，一定要按部就班。

讀卻擔心這樣會流失老顧客，父子經常為此爭吵不休。對謝裕讀而言，兒子有心要繼承家業，作父親的當然樂觀其成，也很願意放手讓年輕人去發揮，「他們說要開發新產品，我也幫忙研發。」可是年輕人竟然連他祖傳三代沿用的名稱和包裝都想改，這就讓謝裕讀無法接受了。「要改品牌、換包裝設計，那我的老客戶怎麼辦？」謝裕讀不只擔心兒子「換了招牌」會失去老客戶，「畢竟他們是新手上路」，做父親的謝裕讀更怕年輕人會「吃緊弄破碗」。

對於父親的質疑，年輕人也有話要說。哥哥宜澂認真規畫、設計新的產品商標和文宣。愛拍照的弟弟宜哲不停地拍照上傳臉書，花心思經營粉絲頁和網頁，讓顧客隨時知道他們的最新動態。兄弟倆重視的是「商品設計」和「網路行銷」，這顯然和上一輩的父母，只知道「憨憨地做」的經營模式大異其趣。兄弟倆一致認為「如

謝爸爸帶著兩個兒子一起做醬油，把畢身的做醬功夫都傳授給他們，期待下一代傳承與發揚。

何將家中這塊老招牌「與時俱進、不斷創新？」是他們目前的最大挑戰，也是最艱難的任務。「如果不轉型，一直用舊思維來經營，遲早會成為夕陽產業，最後被時代淘汰。」

在這場父子之爭中，不是「誰是誰非」的問題，而是「新」與「舊」的拔河。他們父子都希望家裡的天然柴燒醬油能愈做愈好，但是在「傳承」與「創新」的角力中，長輩們永遠都會有不放心。謝家父子的故事不是唯一，現在兄弟倆最大的挑戰，就是如何說服自己的老爸，「讓他相信」。

媽媽邱碧惠雖然夾在中間左右為難，但是在這場父子衝突中，媽媽反而成了關鍵的重要角色，她可以是左右難為的夾心餅乾，也可以是居中協調的「潤滑劑」。

所以，阿利老師要教碧惠在家裡舉辦一個家人茶會，泡茶給家人喝，用一杯茶來搭起兩代溝通的橋梁。

宜澂和宜哲兩兄弟回鄉繼承家業，兄弟聯手發揚自家的手工醬油，讓老品牌新出發。

謝爸爸教兒子用繩捆醬油瓶，象徵把家人的心緊緊相繫（上圖）。兄弟倆設計商標和包裝，行銷醬油（左圖）。

幸福
茶會

——泡一杯潤滑劑的茶——

今天阿利要教謝媽媽——如何當一個「家庭潤滑劑」。首先潤滑劑的說話藝術，就是多鼓勵、多讚美、挑好話說、不傳批評或是負面的話語，對於負面情緒的話，都要加以「美化」，盡量營造家庭的和諧氣氛。

阿利告訴謝媽媽，不用擔心在父子爭執中左右不討好，她反而是父子溝通橋梁的關鍵角色。

普洱茶

普洱茶是後發酵茶，它獨特的滋味是靠時間經年累月發酵而成，就像遵循古法釀製而成的柴燒醬油，選用醬豆要歷經長達半年的陽光曝曬。而父子之間的情感也是，那是隨著時間的相處，彼此的相知相惜、事業上並肩作戰、患難與共所一點一滴地發酵、醞釀、累積而成的。

茶具選擇

泡普洱茶最好是用紫砂壺或朱泥壺。紫砂壺內部有氣孔，透氣性好且保溫性好，泡茶不走味，能保存普洱茶的香氣和陳味。

小壺沖泡法

1. **茶葉量**：在 100cc 的茶壺內放入 5 公克茶葉（約 20 至 25cc 的水量放 1 公克茶葉，以此類推），視個人濃度喜好而定茶量。

2. **醒茶及洗茶**：倒入煮沸開水，燙一下普洱茶後迅速倒出來，時間不要太久，以免浪費。因為普洱茶是後發酵茶，不論生、熟茶都會有黴菌，熱水沖燙可以除黴菌。

3. **沖泡時間**：第一泡茶，若普洱茶還是一整塊沒鬆散開，則倒入開水後約 50 至 60 秒，若茶葉是鬆開的則 30 至 40 秒即可。然後倒入茶海分杯享用。可隨個人喜好延長或縮短浸泡時間，如果不慎浸泡太久過濃，可於下一泡倒入開水後立即倒出以稀釋前一泡；若前一泡太過淡味，則延長下一泡時間再加以中和來增加濃度。

幸福筆記

在採訪的過程當中，阿利適時與謝媽媽分享心得：如何當家庭裡的「潤滑劑」，用心營造家裡喝茶的空間。當家人有事情要商量時，隨時都可以「先喝杯茶再說」，透過茶先緩和彼此的情緒，讓茶緩衝當下的緊張氣氛。

因為謝家父子平常所累積「愛的存款」夠，當他們喝下謝媽媽親手泡的和解茶之後，緊張的氣氛頓時煙消雲散。況且，父子沒有隔夜仇，很快就能夠重修舊好，重新凝聚家的向心力。他們父子三人繼續傳承祖先所堅持的「一瓶醬油，一輩子的情分」，謝家純手工柴燒黑豆醬油，在父子聯手下「老品牌，新出發」。

10 爸媽請您相信我

人生有夢，希望相隨。年輕人勇敢追夢，原是值得慶賀鼓勵的，但是徐健智的夢想與眾不同，他想打造一個不用花錢也可以很快樂的烏托邦理想慢城。

徐健智和妹妹徐棋容在新竹峨嵋鄉的十二寮耕耘他們的夢田，他們模仿國外「禮物經濟」的概念，開設「免費商店」和社區的「共食廚房」。但是，對於兄妹倆這個「不賺錢」的理想，他們的父母卻很是憂心……。

徐健智的父母原本打算退休後要歸隱山林，於是夫妻倆在十二寮買了一塊地，準備日後在此過一段與世無爭的山居歲月。不料從澳洲留學回來的兒子徐健智，卻說服妹妹徐棋容一起在那裡打造他們的夢想烏托邦。兄妹倆一起開設免費商店，接著開辦社區的共食廚房，他

健智的爸爸、媽媽對於兄妹倆的理想感到憂心忡忡，他們認為錢不是萬能，但是沒錢卻是萬萬不能。

們想創造一個「不用錢也可以快樂過日子的理想世界」。

每個星期三和星期六的中午，是他們的社區共食日。一大早附近的長者就會陸續送來自家種的水果或是蔬菜來交換，附近的居民都知道家裡有多的、或是吃不完的東西，都可以拿來這裡「以物易物」做交換。徐健智希望透過這樣的活動，可以養成居民珍惜食物、不浪費的習慣。門口綠色的冰箱上掛著「共食冰箱」大大的牌子，鼓勵大家自行交換，手中若有多的食材想捐出，也可以放進冰箱。為了安全衛生考量，共食冰箱不接受熟食和肉類，只收各類食材和乾糧。

新竹峨眉鄉的十二寮是個風景秀麗的安靜山村，年輕人大多到城市去工作，村子裡大多是「留守老人」。當徐健智兄妹舉辦「共食廚房」後，立刻受到當地居民的熱烈響應。附近的鄰居經常送來自家栽種的蔬果，正值中壯年的家庭主婦紛紛投入志工的行列，大夥兒「有

健智和妹妹棋容在新竹縣峨嵋鄉的十二寮，模仿國外「禮物經濟」的概念，開設免費商店。

菜出菜，有力出力」，一起把「共食廚房」辦得熱鬧非凡，附近的長者都非常期待他們的社區共食日。「社區共食」可以省去許多獨居長者吃飯的麻煩，而且大夥兒一起吃飯、聊天，感覺特別開心，飯也變得特別好吃。同時，無形中也凝聚了當地居民的感情。大家對於社區意識也更有凝聚力。

除了「共食」之外，他們還有免費商店，提供二手物品的交換。小小的店鋪，物品卻是琳瑯滿目，從玩具、玩偶到保溫壺、小茶杯……，裡面應有盡有；這些都承載著徐健智與妹妹徐棋容的夢想。兄妹倆想要傳達的是「資源共享」的觀念，「你不需要的，卻可能是別人所需要的」，這對年輕兄妹所要對抗的是資本主義社會下的「過度消費」和「過度浪費」。

對於健智、棋容的理想和創舉，他們的父親徐勝華雖然認同他們的理念，但是對於這個「不賺錢」的工

兄妹合作開設免費商店的理想，是想要對抗資本主義社會下的「過度消費」與「過度浪費」。

作前途，總是感到憂心。「免費商店沒有收入，那要靠何維生？」「雖然錢不是萬能，但是沒錢還是會萬萬不能！」徐勝華似乎已經看到這條路未來的艱辛，他希望健智兄妹能選擇一條較順遂好走的路──找個安穩的工作，朝九晚五、享受週休二日。但是，這顯然不是這對兄妹想要過的生活。

徐勝華經常問健智兄妹；「做這些事對你們的未來有何幫助？」這句話也彷彿把兄妹辛苦所做出的成果，無情的潑上了一盆冷水。健智覺得人生總不能一直都那麼功利和現實，處處以「利」為優先，「總該有一些傻子出來做一些『傻事』吧！」

的確，兩個初出茅廬的年輕人，要經營一家完全沒營收的「社會企業」，談何容易？此刻擺在健智眼前的就有一大串的困難──人力不足、志工招募困難、缺乏活動經費……等等，但是，這些都阻撓不了他想打造一

對於父母的疑慮，健智很希望爸爸媽媽不用替他擔心，他會用其他方法賺錢養活自己、支撐理想。

個自足、共享的烏托邦理想世界。

所幸，這些年在兩兄妹的通力合作下，他們已經做出一些成績了，也漸漸獲得地方上的認同，有愈來愈多人支持他們的理想。健智希望父母「可以不用再為我們兄妹擔心了。」然而天下父母心，明知道為人父母要懂得「放手」的智慧，要讓孩子去追求自己的夢想；但是，就是「放心不下」。

所以，阿利特別和徐爸爸分享自己的經驗。原來幾年前阿利的小兒子想去日本學動漫時，阿利也曾很憂心，因為百年來才出一個宮崎駿，兒子學動漫以後，將來要靠什麼維生？不過念頭一轉，孩子會有他自己的想法，做父母的要尊重，也要學習「放手」，讓孩子學習「為自己負責，況且「兒孫自有兒孫福」。

而阿利也教健智「讓父母放心」的方法。因為爸爸喜歡泡茶，和爸爸的溝通，就從找爸爸喝茶開始。

健智的父母很開通，雖然很憂心兄妹倆的理想事業，但是還是放手讓兄妹倆勇敢去追夢。

「社區共食」可改善獨居長者三餐問題，增進鄰里情感（上圖）。兄妹倆經常喝茶溝通「慢城」想法（左圖）。

幸福茶會

搭起父子溝通的橋梁

阿利教健智泡茶，並且建議他有空就找父親泡茶，藉著泡茶縮短和父親的距離，打開話匣子，多跟父親聊自己的近況，讓父親知道自己在忙什麼。也在喝茶的閒聊中，讓父親了解自己對未來的安排和規畫，讓他明白自己正一步一步地築夢踏實，往夢想前進，請父親放心。

健智發揮設計長才，和妹妹棋容共同打造一個爸爸的茶屋，邀請愛喝茶的父親經常來喝茶。

茶品

凍頂烏龍茶

材料

凍頂烏龍茶

茶的小知識：

茶名：凍頂烏龍茶

樹種：青心烏龍

產地：南投鹿谷鄉海拔 500 - 1000 公尺

製法：半發酵 / 半球形。重視萎凋發酵足，中重度焙火

特色：甘醇厚底、喉韻回甘強

泡法

茶具：以陶質茶具為首選。

溫度：以 95℃至 97℃水溫沖泡為佳。

茶葉量：放入約 1/3 壺量之凍頂烏龍茶。

溫壺：沖泡前先將陶壺溫熱

時間：第一泡浸 50 秒，第二泡 40 秒，第三泡 30 秒，爾後每泡時間增加 10 秒。

凍頂烏龍茶是台灣享有盛名的茶種，歷史悠久，遠近馳名。阿利希望藉由「凍頂烏龍茶」勉勵徐健智能勇敢追夢，活出自己獨特的精彩人生；如同「凍頂烏龍茶」般，有著歷久不衰的茶韻。

凍頂，指的是南投縣鹿谷鄉的凍頂山，凍頂烏龍茶發跡於南投縣的鹿谷鄉，有別於傳統重發酵、重焙火作法，改以中度發酵、中烘焙工序製作，充分表現翠玉品種的特色。湯色澄黃明亮，清香甘醇，久浸不澀，甜度頗高。茶香顯明，茶湯瀰漫玉蘭花香，奔放濃郁，杯底留香持久，是一款很有獨特喉韻的茶品。

幸福筆記

多年前有一句競選口號：「人生有夢，希望相隨」，曾經深深地打動過無數選民的心，因為有「夢想」，人生才會有「希望」。所以，人才會因夢想而偉大。

徐健智和妹妹徐棋容能夠勇敢追夢，打造他們理想的烏托邦夢土，不管未來能不能成功，但至少他們曾經義無反顧地勇敢追求過他們的夢想。

雖然兄妹倆的烏托邦理想慢城和一般主流社會想要賺大錢的價值觀不一樣，但是俗話說：「少小不努力，老大徒傷悲」。但我卻覺得年輕只有一次，如果沒有趁年輕時好好追夢一場，老了一定會很後悔。祝福這一對兄妹勇敢追夢吧！

11 打鐵藝術家

在江承堯三歲時，一場腦膜炎奪走他的聽力，右耳完全聽不見，左耳聽力只剩下一半，不過他的爸媽並沒有因此而放棄，反而更加用心地栽培他，並且啟發他的藝術天分，讓他日後能在金工的世界裡找到自己的一片天。

他接手祖傳三代的鐵工廠，轉型成「打鐵人藝術工坊」，將從小就熟悉的生鐵、鋼材，利用融化、敲打和焊接的技巧，變成栩栩如生的鸚鵡、貓頭鷹……等可愛小動物，他將百煉鋼化為繞指柔，把冰冷的生鐵變成溫暖有生命力的藝術品，也為自己在藝術領域上打響名號。

江承堯出生在三峽老街的打鐵世家，他從小就在自家的鐵工廠裡玩進玩出，看著父親敲打、焊接金屬的背影長大，耳濡目染下，他也傳承了父親一身的打鐵本領。他小時候的玩具就是家裡鐵工廠的廢材，聽不見的他總是喜歡一個人躲在角落裡，將這些廢材拼拼湊湊，自己玩得不亦樂乎。

三歲那年的一場腦膜炎，奪走了江承堯的聽力！因為聽不見，阿堯無法理解別人在說什麼，也無法開口說；他只能一味地用哭鬧、發脾氣的方式來表達自己。對於不明就裡的旁人來說，直覺阿堯就是一個令人厭煩、傷腦筋的小孩。只有媽媽會耐住性子，慢慢聽阿堯想要幹什麼，慢慢猜阿堯的意思是什麼……。小時候的阿堯，是一個需要很多耐心和愛心對待的小孩。

江爸和江媽一直對阿堯懷抱著深深的愧疚，他們一直認為是自己的疏失，沒把孩子照顧好，才會讓阿堯的耳朵聽不見；所以，他們希望能用愛來彌補阿堯的聽不見。首先，他們不想讓他從此變成一個「聽障者」，所以捨棄專門給聽障者就讀的啟聰學校，堅持要讓阿堯上普通學校，讓他和一般正常孩子一起學習、成長，長大後可以融入一般社會。

為了協助阿堯的課業能跟上聽力正常的同學，江媽媽從幼稚園開始，一路「陪讀」到阿堯國中畢業。每天放學後，還要一句一句地唸出來給他聽，幫他溫習功課。為了讓他能順利和人溝通，還要陪著他一起學唇語、訓練他學習說話……。皇天不負苦心人，如今，聽不見的阿堯總算是研究所畢業了，也順利地結婚生子。

想起從前，江媽媽依然忍不住鼻酸哽咽，所幸，一切辛苦都有了最美的回報。今天的阿堯不用比手語，他

江承堯出生在三峽老街的打鐵世家，從小看著父親敲打、焊接金屬的背影長大，耳濡目染。

可以讀唇語、說話，正常地與人溝通相處。

以前江爸爸常跟阿堯說：「不要因為缺點而阻礙前進的道路。」他明知道阿堯的聽力不好，還特地要他去學音樂。因為醫生說：「越是聽不到越要去聽。」所以，江爸爸從小就盡量製造機會讓阿堯去接觸各種聲音，盡量讓他有機會去聽。他讓阿堯學音樂來訓練聽力，為了接送阿堯去學音樂，他自己也一起跟著學，如今江爸會吹薩克斯風、口琴、也會彈鋼琴、拉大提琴……，他自己也玩出對音樂的濃厚興趣。

其實，江承堯從小在藝術方面就很有天分。小學三、四年級時，他就常偷偷畫漫畫賣給同學，賺取零用錢。後來江爸爸發現後，他並沒有斥責阿堯，反而告訴他：「以後你的畫就賣給爸爸」，換爸爸來蒐購他的畫，用這樣的方式來鼓勵他對畫畫的興趣。因為在繪畫的世界裡不需要聽力，阿堯反而能更專注地觀察和投入他筆下

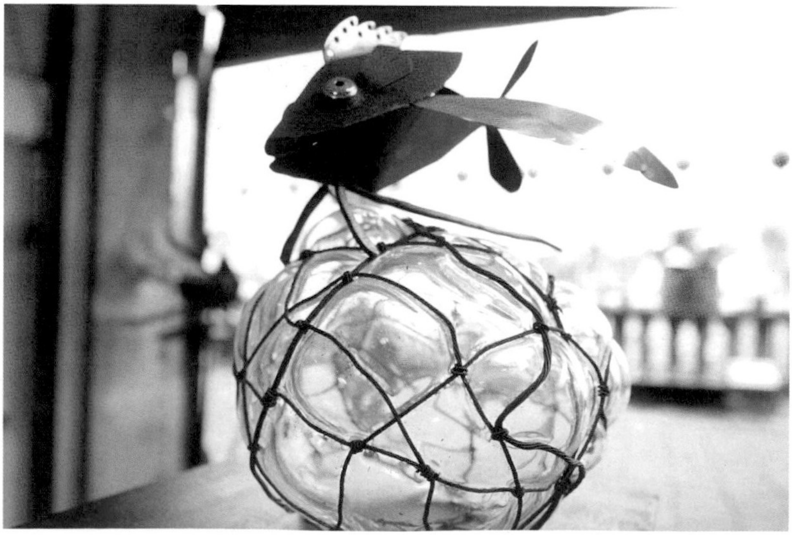

江承堯利用祖傳的打鐵技法，將生鐵和鋼材，以敲打和焊接的技巧，變成栩栩如生的可愛小動物。

江承堯從小就經常和父親一起打鐵（上圖）。江爸爸讓承堯學音樂、訓練聽力（左圖）。

的世界。有時候阿堯畫得很好時，媽媽也會給他零用錢獎勵。

平時江承堯喜歡一個人漫步在山林中，靜靜地與大自然對話，觀察動物和昆蟲，再細細地刻畫在自己的作品上。他說自己的創作靈感常來自童年的生活體驗，小時候常跟阿公去爬山，賞鳥抓昆蟲，所以將童趣融入在作品中，例如會唱歌的貓頭鷹和青蛙音樂盒。

二〇〇五年阿堯接手父親的工廠後，開始轉型為藝術創作，成立「打鐵人藝術工作坊」，他將冰冷的金屬材料，幻化為各種生動有趣、充滿生命力的蟲魚鳥獸，作品多次在國內外展出，引發熱烈迴響與肯定。

江承堯選擇用鋼和鐵作為創作的材料，又善用鐵鏽來增加作品的韻味，這在一般的藝術創作中並不常見。「鐵是冰冷的東西，我把它弄得很溫暖；你看它是很硬的東西，我把它弄得很柔和，有流暢的紋路。」江承堯

江承堯喜歡一個人漫步在山林中，靜靜地與大自然對話，觀察動物和昆蟲，他的作品總是維妙維肖。

承堯感恩父母栽培，才有今日藝術成就（上圖）。太太薛慈雯是琉璃藝術家，兩人在藝術世界相扶持（左圖）。

享受自己把鐵創造得顛覆一般人的想像。

在江承堯的許多作品裡，都可以看到貓頭鷹的蹤影，他說自己會選擇貓頭鷹的原因，除了因為牠的頭可以旋轉二百七十度、很適合做音樂盒之外，還因為貓頭鷹的叫聲頻率很高，耳朵重聽的他無法聽見貓頭鷹的叫聲，於是他便用這種方式與貓頭鷹拉近距離。他對貓頭鷹的喜愛程度，連自己結婚時送給賓客的禮物，也是與老婆一起設計的不鏽鋼貓頭鷹書籤。

阿堯和他的太太在藝術的領域中各有所長，太太薛慈雯是琉璃藝術家，兩人經常一起合作，相輔相成。太太也是他的藝術經紀人。如今他們也有了下一代了。俗話說，養兒方知父母恩，如今已經為人父的阿堯，深切體會到養育孩子的辛苦，尤其是小時候父母對阿堯的一番苦心。今天他要請阿利教他：如何用茶來表達他對父母和家人滿滿的感謝。

江媽媽從幼稚園開始，一路「陪讀」到阿堯國中畢業。每天放學後還要幫他溫習功課。

江爸爸收藏很多茶具，阿利將這些茶具重新派上用場（上圖）。承堯和慈雯在藝術的領域中互相提攜（左圖）。

幸福茶會

─泡一杯感恩父母的茶─

阿堯說，自己今天能在藝術上闖出自己的一片天，全都要感謝父母當年不放棄、花費很大的苦心栽培自己，他才能有今天。但是，個性內向，不善表達的阿堯，卻從來未曾跟父母表達過謝意。所以，今天阿利要教阿堯泡一杯感恩父母的茶，同時也要教他，如何用一杯茶串起一家三代的和樂情感。

愛的設計

喝茶的時候，可營造一點氣氛會更好，那就先擺上阿堯做的音樂盒吧！它演奏的歌曲輕鬆活潑，又充滿童趣。接著是擺上江爸爸所喜歡的茶具，再來可以再加上一些江家的元素，像是阿堯做的鐵製茶匙、杯墊，還有太太慈雯的琉璃花，營造出一個融合打鐵藝術的茶席。

茶品 碧螺春

茶的小知識

茶名：碧螺春茶
樹種：青心柑仔
產季：春、冬
產地：新北三峽茶區
製法特徵：零發酵綠茶類／條形

特色

碧螺春有「四絕」之美譽，四絕即指色、香、味、形四者。其外觀新鮮碧綠，芽尖毫多，形狀纖細捲曲，乾茶清香鮮雅、亮麗自然，茶湯碧綠清澈、鮮活爽口。

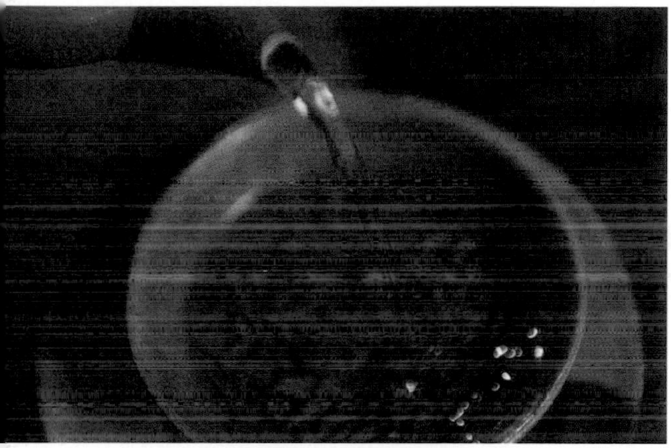

泡法

茶具:以瓷器蓋杯,或茶碗為佳。

溫度:以 70 至 80℃溫開水沖泡。

茶葉量:通常以 150cc 水量配 3 公克綠茶,以此類推,亦可依個人喜好增減。可沖泡 4 至 5 次。

賞茶:喝碧螺春綠茶前,別忘了先欣賞有白毫的綠色茶乾。

江爸爸向來喜歡喝茶，尤其是三峽當地盛產的碧螺春。

碧螺春顧名思義：碧就是外觀碧綠清澈，螺就是茶芽外形似微小田螺般彎曲的樣子。由於是趕在春天清明節氣前採摘的蕊芽，細白茶毛還在，所以，又稱為「白毫」。

碧螺春屬於綠茶，一般都是在穀雨或者清明前後採摘的，綠茶都是採用嫩葉製作而成，其沖泡法有別於其他綠茶。因為碧螺春葉面較嫩，所以最佳泡法應採用上投法（即先沖水至七分滿，再投茶）。碧螺春因為毫多，泡茶後會有「毫渾」，而他種綠茶湯色較清明透亮。

幸福筆記

江爸爸常跟阿堯說：「不要因為缺點而阻礙前進的道路。」耳朵聽不見，更要繼續聽，就是這股不輕言放棄的精神，才有今日江承堯所展現的不凡藝術才華。

我們也常說，「上天關了你的門，必定會為你開啟另一扇窗。」江承堯雖然耳朵聽不見，反而使他能不受這世界的干擾，更專注在他的打鐵藝術創作上。

所以，世間好好壞壞，沒有純然的好，也沒有純然的壞。隨順因緣，勇敢接受命運的安排和挑戰，不要讓缺點成為阻礙自己前進的藉口，只有自己才能阻礙自己。

12 饅頭大叔 說不出口的愛

社會對男人形象的期待是「強者」和「英雄」，所謂「英雄有淚不輕彈」，但是男人總也有脆弱的時候，當上有老、下有小的三明治男人，在面臨「中年危機」的時候，心事誰人知？

在「男性尊嚴」的掩飾下，即使是至親的父子之間，也有很難啟齒的心事……。

陳佳慶以前是個 top sales，在房地產鼎盛的時期，他曾經是月收入高達一百八十萬的明星業務員。他總是很樂觀地相信，憑著自己能言善道的三寸不爛之舌，這輩子注定會一直從事房仲業直到退休。然而世事難料，隨著房地產的不景氣，他的收入也跟著持續低迷不振，甚至曾長達半年都沒有收入。

家裡老小每天都要張嘴吃飯，都在等他拿錢回家，他是一家之主，男性的尊嚴迫使他無論如何都必須扛起養家的責任。所以，他每個月都必須跟房仲公司的主管借錢，再回去跟家裡人謊稱是獎金收入。那種心事誰人知？只能獨自唱著「男性不是沒眼淚，只是不敢哭出來」！

在那段業績掛零的日子，陳佳慶每天依然西裝筆挺地出門，但是走在路上總感到很茫然，不知該何去何從？過去引以為傲的「靠嘴巴吃飯」，如今卻如此的不踏實。他覺得自己四十歲了，卻沒有一技之長，開始感到強烈的「中年危機」，他開始盤算是否該中年轉業呢？但是「中年轉業」談何容易，有沒有勝算？他也沒有把握。

但是總不能一直靠借錢度日，日子總要過下去，為了能帶給家人穩定的生活，陳佳慶毅然決定中年轉業，離開他已經做了將近二十年的房仲業，改行學做手工饅頭，並且從學徒開始做起。剛開始為了要了解市場的反應，他甚至自己推著推車到市場叫賣來試水溫，有時遇到下雨時，不只自己淋成落湯雞外，整籠的饅頭也報銷，根本做白工。

俗話說，萬事起頭難。陳佳慶的中年轉業、創業之路，走得並不順遂。第一年幾乎是賠本的慘況，甚至在開店的前一天，新機器啟動卻差點把右手給輾了進去，讓他被迫住院好幾天……，但是種種的不順和困難都不能阻擋他創業的決心。因為他也已無退路，他半生的積蓄全都投進了手工養生饅頭店了。

所幸，陳佳慶有個賢內助一直在背後默默支持著他。

陳佳慶四十歲中年轉業，告別超級業務員，改行賣養生饅頭，並且從學徒開始做起。

在創業初期，饅頭店的生意並不穩定，家中的經濟全靠太太杜淑芬的薪水來支撐。她白天上班，下班後還到店裡來幫忙，甚至為了周轉，連媽媽的退休金都借來支持丈夫的創業夢。

疼愛女婿的丈母娘也天天來饅頭店當義工，巡頭看尾的處處幫忙。

如今饅頭店的生意總算漸漸步上軌道了，但是陳佳慶卻發現父親的身體狀況越來越差了。父親是陳佳慶心頭最沉重的牽掛，他很自責在他全心投入創業的過程中，卻疏忽對年邁父親健康的照護。

陳佳慶是家中的獨子，母親在他小學二年級時過世，當時最小的妹妹才五歲，父親一個人父兼母職地帶大他們五個小孩。陳佳慶很心疼父親年紀輕輕就喪偶，卻從不曾怨天尤人，每天辛苦地在市場賣菜養大五個孩子。陳爸爸從小就經常告誡他們兄妹：「要認命、要努力。」

陳佳慶的手工饅頭店有很多改良的新創意，口味眾多，造型也顛覆傳統的饅頭造型，媲美麵包店。

所以，每當陳佳慶遭遇困難或是挫折時，就會想起小時候媽媽過世時，爸爸那麼年輕就遭遇到人生這麼大的變故，他都不曾放棄，「而如今我有這麼多家人的協助，怎麼可以放棄呢？」陳佳慶總會在父親的身上找到堅持下去的力量。

父親是陳佳慶在逆境中前進的動力，但是，現在陳爸爸的身體卻愈來愈差了，因為糖尿病導致每星期都要洗腎，這讓佳慶很是憂心，他怕樹欲靜而風不止，子欲養而親不待。於是，他開始對父親的飲食嚴格管控，他禁止父親吃白米飯、麵包、饅頭等澱粉類的高升糖指數的食物，不料這卻讓陳爸爸很不高興，「我沒吃飯就不會飽，每天限制東限制西……。」「我不是怕你吃！」父子倆每天都要為吃飯這事大小聲。

陳爸爸自從生病跌倒後，行動力也大不如前，他雙腳沒力，久而久之就習慣依賴輪椅。因為醫生說：「愈

中年轉業不容易，丈母娘不只拿出退休金支持，更是每天來店裡當志工，幫忙張羅大小事。

不站、愈不走，雙腳會愈沒力。」陳佳慶很擔心父親會如醫生所說的「肌肉萎縮」，所以，每次總要苦口婆心地勸父親要多走路，不要一直坐在輪椅上。父親也經常是沒好臉色的回應：「我難道不知道要多走多動嗎？腳就是沒辦法走。」佳慶也急了：「你愈不走，愈沒辦法走。」父子倆也經常為此三言兩語就吵了起來。

讓陳佳慶感到很挫折失望的是：如今父親怎麼變得如此無法溝通？有時甚至是無理取鬧！每一次和父親爭吵後，他總是很懊惱、很後悔，他是真心誠意地想對父親好，但父子倆最後卻總是不歡而散。

今天阿利也跟佳慶分享自己照顧公公的經驗：「老人孩子性」，其實老人家常常就像小孩般，愈跟他說東，他愈是要往西，不如就順他吧！跟老人家相處，可千萬不能太「較真」，最管用的妙招就是「賴皮」和「撒嬌」。阿利建議佳慶，沒事時多找父親泡茶聊天。

中年轉業的陳佳慶全心投入事業，大小事親力親為，不斷研發新口味，希望受到消費者的喜愛。

陳佳慶很想竭盡所能地對父親盡孝。但是他總無法和父親溝通，對此感到很挫折。阿利與他分享溝通經驗。

幸福茶會

──奉上一杯父子和解的茶──

「家」是用來談情說愛的，不是論斷誰對誰錯、說道理的地方。陳爸爸一定了解佳慶的初發心是為自己好，但是，人跟人相處難免有情緒，不如什麼都不用說，就喝茶吧！

年輕人往往忙於事業，疏忽對父母的關心或是噓寒問暖，老人家整天在家裡除了看電視外，好像就沒有別的事做，難免會覺得會寂寞無聊，或是覺得自己是多餘的，看到年輕人每天忙進忙出，自己卻什麼都幫不上，也會感到挫折。所以有空的時候，不妨能稍微把腳步放慢，找老人家一起來喝茶，藉由泡茶聊天，也可以讓父親了解自己的近況，尤其是年輕人在忙進忙出的時候，不要讓老人覺得「自己是排除在外的」。

茶品

鐵觀音

台灣產製的鐵觀音，以台北市木柵為主要茶區。以高發酵、重烘焙的方式製茶，茶湯色澤呈現琥珀色，口感強烈、苦澀，帶點焦糖、蜜香的香氣。茶湯內斂沉穩，相當適合在冷天飲之暖胃。

以鐵觀音品種製成的鐵觀音茶，稱為「正欉鐵觀音」，具有強烈的熟果香，炭焙火候控制得宜的，還會有一股熟沉香韻味。

大陸福建安溪鐵觀音茶的滋味與木柵鐵觀音不同，前者製法採重發酵，不焙火，口感清香，較類似高山茶的清香味；而木柵鐵觀則是熟果香味重。

茶器選擇

一般來說，沖泡鐵觀音應以紫砂壺為首選。台灣產製的傳統木柵鐵觀音，因發酵度高，又採用傳統的炭火烘焙工藝，色澤偏黑黃，香味熾烈。用紫砂壺最能發掘鐵觀音的滋味。紫砂壺若經過鐵觀音長時間的浸潤，茶香會永久地留在壺內，即使用清水沖泡茶壺，也能帶出其中的香氣。

若是大陸安溪的清香型鐵觀音，用蓋碗沖泡最為合適。因清香型鐵觀音屬於輕發酵的新製法，發酵度低，保留著大部分茶葉原有的色澤和香味，用蓋碗泡，更能品味出茶葉的鮮爽口感和四溢芳香。白瓷蓋碗不吸味，更能留香。若用紫砂壺來沖泡清香鐵觀音，不僅悶香，也浪費了鐵觀音的鮮香甘甜。

泡法

想要沖泡一壺色香味俱全的鐵觀音，除了備好茶葉、水、茶具之外，還要懂得把握好水溫和沖泡的時間。

蓋碗

一次用量約 8 至 10 公克，根據個人口感輕重選擇茶量。一般茶葉最好喝的當屬前三泡，前三泡茶味清香，回甘。一般茶葉的沖泡次數為 5 至 6 次，這時候的茶湯最為鮮美，味道最佳。隨著沖泡時間的延長，和沖泡次數的增加，茶色會慢慢變淡，茶香遞減。

紫砂壺

茶葉比例：壺底鋪滿即可。

沖泡溫度：以 100℃左右沸水沖泡。

沖泡時間：第一泡 60 秒，第二泡起遞增 5 至 10 秒，通常可沖 7 至 8 次。

幸福筆記

每次見面說不到兩句話，就會開始大小聲的父子，竟然在一杯茶的牽引下，流露出真情，說出自己從未對人說過的真心話。陳爸爸哭了，他老淚縱橫哽咽地說：「看他們夫妻為了開店，每天忙進忙出的，自己卻什麼忙都幫不上……。」陳爸爸覺得自己老了不中用，只會給年輕人添麻煩，也道盡許多年邁長者的落寞。

而一向缺乏耐性的佳慶，也一反常態地為老父奉茶，並且深情地對爸爸說：「過去您養我四十年，請您也能讓我養您四十年。」這句話感動了現場所有的人。「一杯茶」不只讓他們父子聊開了心事，並做了一次前所未有的「愛的告白」！

認識台灣名茶

資深茶人 張鳳嬌 整理

台灣地區依茶葉產製環境而發展出各種特色茶，如文山種茶、鐵觀音、凍頂茶、白毫烏龍茶、三峽龍井茶、高山茶、龍泉茶、松柏長青茶、阿里山珠露茶、日月潭紅茶等，號稱台灣十大茗茶。以下為簡單的說明：

一、文山包種茶：以香、濃、醇、韻、美五大特色馳名海內外，成茶外觀呈條狀，是和台灣其他地區的包種茶最大的不同點；因生產地區在北縣文山區而得名，文山包種茶的主要原料是青心烏龍種，其製造特色是屬於輕萎凋、輕發酵的青茶類。茶香幽雅，滋味純和，入口生津，有一種清香的新鮮感，這是高級文山包種茶的特性。

二、木柵鐵觀音：在臺北市文山區的木柵指南山一帶，鐵觀音原是茶樹的品種名稱，由於它適合製造上等烏龍茶，因此以這種茶樹的鮮葉製造出來的烏龍茶被單獨分類，它的名稱就稱為「鐵觀音茶」，且為烏龍茶類中的極品。

三、凍頂茶：凍頂是地名，有一定的範圍和界限，真正的凍頂是指凍頂台地，即南投縣鹿谷鄉彰雅村，此地終年無霜雪，並不是冰凍的山頂；由於凍頂茶知名度高，市場價格也好，在供不應求的時期，也就把整個鹿谷鄉所有的茶都說是凍頂茶了，是台灣茶葉市場知名度很高的茶葉，主要是青心烏龍（軟枝烏龍）為原料製成的半球形包種茶。

四、白毫烏龍茶：在夏季氣候悶熱，潮濕的地區，通風較不理想的茶園，孳生大量的小綠葉蟬，這種小昆蟲以茶樹的嫩芽為食物，是茶樹的蟲害，當時的茶農不甘損失，仍把受到危害的茶菁拿來製造成烏龍茶，沒想到這樣的茶葉有著特殊的風味，外形優美，色澤迷人，備受消費者喜愛，主要在新竹峨眉鄉、北埔鄉，苗栗的頭屋鄉、獅潭鄉、頭份鎮等地，原名膨風茶，又有東方美人茶之稱。

五、三峽龍井茶：以產地新北市三峽區而聞名，是以青心柑仔種為原料製成的劍片形綠茶，為台灣綠茶的代表。龍井以『色翠、香清、味醇、形美』四絕深受品飲者的喜愛，維他命C含量多，入口先苦後甘是它的特性。

六、高山茶：台灣五大山脈，海拔在一千公尺以上所生產的茶葉，統稱為高山茶，主要以青心烏龍為原料製成的球形或半球形包種茶。高山茶價格最高，由於高山地區雲霧多、日照少、雨水足等適合茶樹生長的環境，因此所產的茶葉清純，消費者莫不以喝高山茶為高貴的象徵。

七、龍泉茶：產於桃園龍潭鄉一九八三年四月九日，當時的台灣省主席李登輝先生命名，大部份以青心大冇為原料製成的半球形包種茶。龍泉茶曾是客家村龍潭鄉閃閃發亮的金字招牌，茶湯金黃帶綠色，滋味甘潤，入口生津，有一種含蓄清純的花香味；沖泡時茶量要少，時間稍短，水溫略低，熱飲最好。

八、阿里山珠露茶：主產於嘉義縣竹崎鄉和阿里山鄉交界之石棹山，是以青心烏龍（種仔）為原料製成的球或半球形包種茶一九八七年八月二十八日，由總統府資政謝東閔先生命名。阿里山珠露茶的特色是：從製造過程開始的茶菁採收起，在三十六小時內要完成茶葉的成品製造，外形緊結，顏色青褐、具有濃厚的花果香。

九、松柏長青茶：產於南投縣名間鄉，最早由名人命名的茶就是松柏長青茶；一九七三年當時的行政院長經國先生命名為松柏長青茶，是以青心烏龍、四季春、金萱、翠玉等品種為原料製成的半球形包種茶。其乾茶呈青綠色，有一股清新香味；開湯後清香撲鼻，滋味略帶苦但耐人尋味，是目前新新人類頗為鍾愛的茶種。

十、日月潭紅茶：在南投縣魚池、埔里茶區，日月潭附近，一九七七年年南投縣長劉裕猷命名，以阿薩姆大葉種為原料製成的台灣紅茶。紅茶是屬於完全發酵的茶類，湯色豔紅清澈，香氣醇和清芬，滋味濃厚留芳，以日月潭紅茶調出來的泡沫紅茶風味特別好！

選擇茶品的小建議

若從季節的角度出發，春飲花茶，夏飲綠茶，秋飲青茶，冬飲紅茶或普洱。

一般來說茶葉分為綠茶、紅茶、黃茶、白茶、青茶、黑茶六大類。六大茶類茶性不同，對人體的影響也不同。若按個人體質選茶：

綠茶性寒，適合體質偏熱、胃火旺、精力充沛的人飲用，綠茶有很好的防輻射效果，非常適合常在電腦螢幕前工作的人。

白茶性涼，適用人群和綠茶相似，但「綠茶的陳茶是草，白茶的陳茶是寶」，陳放的白茶有去邪扶正的功效。

黃茶性寒，功效也跟綠茶大致相似。

青茶（烏龍茶）性平，適宜人群最廣。

紅茶性溫，適合胃寒、手腳發涼、體弱、年齡偏大者飲用。

黑茶（普洱茶）性溫，能去油膩、解肉毒、降血脂，適當存放後再喝，口感和療效更佳。

如何泡出好喝的茶？

掌握好泡茶三要素（茶量、水溫、時間），就能輕鬆泡出好喝的茶。

一、茶量：

泡茶的茶葉用量並沒有統一標準，主要依據茶葉種類，茶具大小及個人習慣而定。茶葉不同，用量也就不同。一般來說，茶與水的比例大致在是一比五十左右，即四克左右的茶葉，需要加入二百毫升左右的沸水。若是沖泡烏龍茶等緊結型的茶葉，以小茶壺多次沖泡，則用茶量需依沖泡次數而酌量增加，茶量多則濃，茶量少則淡。

二、水溫：

泡茶的水溫與香氣成正比，溫度越高，香氣越揚。然而高溫的水，亦容易將茶葉中的苦澀溶解出來。因此泡茶的水溫建議依據茶類而定，例如：不發酵的綠茶類含苦澀成分的兒茶素、咖啡因等較多，水溫建議在攝氏八十度左右最好。手摘紅茶、東方美人茶、文山包種茶等嫩芽多且高香型的茶葉建議以八十五至九十度沖泡。緊結的球狀高山烏龍茶則可用九十五度以上高溫沖泡，普洱茶則必須用一百度的沸水沖泡。沖泡同等用量的茶葉，時間相同，水溫高，茶質釋放快茶湯較濃，水溫低，茶質釋放慢則茶湯較淡。

三、時間：

茶葉沖泡時間的長短與次數的多少，會直接影響茶的口感。茶葉沖泡次數增加，則茶湯濃度變淡，需要適當增加沖泡時間。據測定，一般茶葉第一次沖泡時，其可溶性物質能浸出百分之五十至五十五；第二次沖泡時，能浸出百分之三十左右，第三次沖泡時，能浸出百分之十左右，第四次沖泡時，則所剩無幾了。所以，通常茶葉以沖泡三次為宜。

茶量、溫度與時間彼此相輔相成，掌握好泡茶三要素，就能輕鬆泡出好茶湯。

感恩菩薩雲來集

作者 陳瓊姬

《茶的幸福告白》能在年關前付梓成書，首先要感恩王志宏總監所領軍的經典叢書團隊鼎力相助。這本書原先並不在他們年度工作計畫中，在年關將近之時，大家忙翻之際，還要戮力幫忙這額外臨時加進來的工作，在此表達無限的感恩。

在重新改寫這些故事時，我重新審視過去的拍攝影片，許多的感動又一一浮上心頭，往事歷歷如在眼前。誠如大愛電視台葉樹姍總監所言：「這不是一個茶藝節目」，而是用茶水承載著人文飄香。

這節目的難就難在「不是茶藝節目」，因為茶藝知識網路上有太多的資訊可供參考。也不是報導名人、大人物的故事；名人、大人物自有許多豐功偉業，網路上很容易就能查到過去報章雜誌的相關報導資料，他們也很容易對著鏡頭侃侃而談……。偏偏我們處裡的是以茶為媒介、以人為主體的節目。我們既要懂一點茶，更要理解小人物的悲喜心情，以及尋常庶民的人情事理。這方面網路的「谷歌大神」就很難幫上忙，而只能靠自己用心去體會了。

過去在節目的錄製過程中，除了有上檔的時間壓力外，最大的困難就是去哪裡找題材？誰會願意將自己私密的心事、以及不足為外人道的「家內事」，對著鏡頭講給全世界的人聽？所以，我們在取材上經常遭到拒絕；即使願意被拍攝的受訪者，也常語帶保留地避開重點。這都是我們在時間壓力下，製播上面臨的極大困難。

如何讓受訪者卸下心防，願意在鏡頭前暢所欲言，大談內心的悄悄話？如何迂迴地引導受訪者談及自己所最不想提的部分？如何發掘平凡庶民故事中的吸睛亮點？……這些，對於較年輕的節目企畫，往往是很大的挑戰和壓力。所以，我們也一直在尋找會發掘故事的企畫。

在最孤單、人力最吃緊的製播過程中，我很感恩張祥昱、劉博明兩位導演的協助。他們都是非常優秀的攝影高手，他們掌鏡下的畫面總是如詩如畫，幫腳本加分不少。從「三代之間」的開場劇開始，為節目留下許多珍貴的畫面，也奠定了我們節目的美學基礎。

當初策畫節目改版時，我們曾經懷疑「阿利到你家」到底能不能從五分鐘延長到二十四分鐘？畢竟一個全外景節目的操作，要比棚內錄影複雜許多。但是郭柱鴻導演辦到了，讓我們著實吃了一顆定心丸，也確定了「茶的幸福告白」的日後節目形式。

我們必須在最短的時間內和受訪者混熟，並且取得他們的信任；還要用最快的速度和效率，拍攝最多的場景和鏡頭。在每個外景的現場，必須製造出「洋蔥」，不只感動對方，也感動我們自己……。現在回想起，真的好感恩、好懷念張祥昱、劉博明與郭柱鴻這三位導演。

雖然我們在編制上人很少，但是卻幸運地有一群付出無所求的志工一路相挺。以前每次錄影時，阿利的大姊李明香師姊、五姊李明齡師姊，都不計成本地送上很多插花來攝影棚布置，她們都是資深的花藝老師，所插的花既優雅又道氣，而且十年來從未間斷過。

每次到彰化或是台中出外景時，阿利師姊的茶道師資團隊和蕙質蘭心師資團隊的師姊都會義務來幫忙，他們自掏腰包買點心、買花材前來幫忙，出錢又出力。一次，我們在彰化靜思堂的茶道教室為林義澤師兄舉辦生前告別茶會。諾大的會場布置，從迎賓席的擺設、茶徑的設計、茶會裡象徵生老病死的四季茶席、茶品、茶花、茶食、茶帖……，只要是我提出的，他們都能做到超出我的想像。

記得有一次要去台中錄製過年特別節目，當時我只帶著攝影組同仁兩手空空地準備南下。有同仁用懷疑的眼光問：「你這哪像是去錄過年特別節目？」的確，當時的我形單影隻只帶一個助理，一般過年特別節目總是要做得豐盛熱鬧、喜氣洋洋，需要動員很多人力、物力，像我這樣一個人怎麼做？

同事的質疑一點都沒錯，但是他們並不知道：在台中的錄影現場早就張燈結綵、年味十足地等候我們了，舉凡應景的糕粿、糖果、點心、鮮花、水果等都一應俱全，現場有十多位師姊協助，只要企畫腳本上有寫的，師姊們都會做到一百二十分，永遠只會超出我的需求和想像。每一次都讓我好感動，感覺自己被滿滿的愛包圍住的幸福。

這個節目的故事難找，師姊們也都熱心地幫我打聽、推薦好故事給我。彰化陳英利師姊大病初癒之後，便積極地當我的後援部隊，熱心地幫我尋找好故事、好題材。她們都是「蕙質蘭心」的師資團隊，我們經常用電話連線的方式開會討論腳本的需求。他們就像是我的千手千眼觀世音菩薩，總是在我最孤單無助的時候，不求回報地協助我。

我知道這些師姊們經常被我搞得人仰馬翻，但是她們都告訴我：「慈濟人不說辛苦，要說幸福。」讓我覺得自己何其有幸，能有這般幸福。

在籌畫出版這本《茶的幸福告白》時，原以為圖片就以當時影片截圖轉檔即可，畢竟隔行如隔山，對於平面出版我是外行，感恩王志宏總監的專業指導，他建議主圖片必須重拍，也就是書中十二個故事的十二道茶席，都必須重拍。這是一個大工程，也是這本書成功與否的關鍵。於是，我又「故技重施」；帶著攝影師和兩串蕉（兩手空空）地到台中。

我非常感恩師姊們願意將自己多年的珍藏拿出來，幫忙設計十二道不同風格的茶席。拍攝那天李明齡師姊特地從台北搭高鐵到台中幫忙，花藝老師吳素玉師姊一整天不停地插出各式風姿綽約的花作供我們挑選。

蔡英珍師姊提供各種色彩的茶席布讓我們擺出不同風格的茶席，林麗淑師姊把自己壓箱寶的收藏都帶來了，新世代陶藝家王怡方也和我們分享她的陶藝作品……。

十二道不同風格的茶席要在一天之內全部拍完，又要不負眾望地拍出最好的質感，很感恩阿利祕書陳惠英師姊的居中協調和善後。這十二道茶席的風格該如何設計出區隔？非常感恩資深茶人張鳳嬌師姊全程的陪伴，她號稱「１１９」，在現場幫我們解決任何的疑難雜症，同時還分享她的私房茶知識筆記作為本書的附錄，真的非常感恩有這位「１１９」菩薩。

在歲末年終之際，振筆疾書準備付梓，這本書是我對過去的整理和反芻。新年新希望，透過這本書的出版，給自己一個紀念，也啟動未來新的動力。

這本書有幸有這麼多的菩薩一起來助緣，有感人的故事、泡茶的技法、精美的圖片……，應該會是一本值得珍藏的好書。

特別感謝

花藝設計：
吳素玉、李明齡

茶席設計者	
茶品	茶席設計
薰衣草奶茶	張鳳嬌
文山包種茶	張鳳嬌
水果茶	張鳳嬌、陳惠英
大桶茶	林麗淑
東方美人茶	王怡方
高山冷泡茶	張鳳嬌
珍珠奶茶	張鳳嬌
普洱茶	林麗淑、張鳳嬌
凍頂烏龍茶	蔡英珍
碧螺春綠茶	李阿利、張鳳嬌
鐵觀音	蔡英珍

茶的幸福告白

作　　者／**陳瓊姬**
攝　　影／**安培淂（Alberto Buzzola）**
圖片提供／**大愛電視**
發 行 人／**王端正**
總 編 輯／**王志宏**
叢書主編／**蔡文村**
叢書編輯／**何祺婷**
美術指導／**邱宇陞**
出 版 者／**經典雜誌**
財團法人慈濟傳播人文志業基金會
地　　址／**台北市北投區立德路二號**
電　　話／**（02）2898-9991**
劃撥帳號／**19924552**
戶　　名／**經典雜誌**
製版印刷／**禹利電子分色有限公司**
經 銷 商　**聯合發行股份有限公司**
地　　址／**新北市新店區寶橋路** 235 巷 6 弄 6 號 2 樓
電　　話／**（02）2917-8022**
出版日期／**2020 年 2 月初版**
定　　價／**新台幣 420 元**

版權所有 翻印必究
ISBN 978-986-98683-4-1（平裝）

Printed in Taiwan

本書書封、封底、P.4-15、P.16-19、P.26、P.28、P.36-37、P.50-51、P.60
P64-65、P.67-69、P.76、P.78、P.81-83、P.90、P.96-97、P104、P.106-107
P.109-111、P.118、P.120 下、P.121 下、P.123-125、P.134、P.136 下
P.138、P.141-143、P.152-153、P.155-157、P.164、P.166、P.169-171
P.180、P.182-183、P.185-187、P.194、P.196-198、P.200-201、P.204-205
P.211 圖片攝影：安培淂

國家圖書館出版品預行編目（CIP）資料

茶的幸福告白 / 陳瓊姬撰文. -- 初版. --
臺北市：經典雜誌，2020.02
面；　公分
ISBN 978-986-98683-4-1(平裝)

1.大愛電視 2.茶的幸福告白 3.茶道 4.茶藝 5.婚姻 6.家庭

544.3　　109000338